AF345266

PIERRE COIGNARD

OU

LE FORÇAT COLO.

ROMAN VÉCU SOUS LA RESTAU[...]

par

Emile Massard et Gus[...]

Albin Michel. Editeur. 22 rue Huyghe[...]

PIERRE COIGNARD

ou

Le Forçat-Colonel

PIERRE COIGNARD

OU

Le Forçat=Colonel

ROMAN VÉCU SOUS LA RESTAURATION

PAR

ÉMILE MASSARD

ET

GUSTAVE DALLIER

PARIS

ALBIN MICHEL, ÉDITEUR

22, RUE HUYGHENS, 22

AVANT-PROPOS

AVANT-PROPOS

Les aventures de Pierre Coignard — qui firent tant de bruit à Paris sous la Restauration — sont aujourd'hui presque oubliées du public.

Hormis le cercle assez restreint des historiens, des chercheurs et des curieux, quels sont les Parisiens actuellement au courant des exploits de cet autre Cartouche?

Pourquoi n'a-t-il plus la faveur populaire, alors que son contemporain Vidocq est plus à la mode que jamais?

Pourquoi la « Légende » ne s'est-elle pas emparée de la vie de ce héros de la « pègre »?

Autant de questions auxquelles il serait difficile de répondre, car, après tout, l'histoire de ces deux anciens forçats a plus d'un point de contact, bien qu'ils aient pris une route différente après leur rupture de ban — à quelques années d'intervalle. Ils furent même aux prises l'un avec l'autre, à un moment de leur existence, chacun d'un côté de la barricade sociale.

Lequel des deux avait le moins de valeur morale, dans le sens absolu du mot? Était-ce le « Mandrin » demeuré égal à lui-même, ou le malfaiteur ayant dépouillé le vieil homme par force, par intérêt ou par cupidité? Il est permis d'hésiter pour un pareil choix! Aussi bien n'est-ce pas le souvenir d'une vertu récompensée qui ravive le nom de Vidocq dans la mémoire de nos contemporains; c'est plutôt l'attrait du mystère, de ce mystère que les foules ajoutent toujours à la profession de policier, et qui s'épaissit même avec le recul du temps.

Coignard ne bénéficie pas des mêmes avantages bien que son histoire soit au moins aussi fertile en événements, aussi tourmentée que celle de l'ancien bagnard devenu « chef de la Sûreté ».

Prendre un nom d'emprunt, lourd à porter pour celui qui n'est pas « né », adopter une profession qui n'est pas sans grandeur, se tirer de tous les mauvais pas, mener dans la journée une existence honorée, aux dehors avantageux, pour reprendre la nuit sa véritable physionomie au milieu d'une bande de coquins dont on est resté le chef et le protecteur, n'y a-t-il pas là matière à faire pâlir de jalousie le « président Hallers » lui-même!

Et c'est cependant — en raccourci — le tableau fidèle de la double existence de cet autre bagnard devenu « lieutenant-colonel de la Légion de la Seine ».

Vraiment, Coignard méritait tout autant que Vidocq de survivre à son époque.

Mais, dira-t-on, le premier a terminé sa vie comme il l'avait commencée : c'est-à-dire bien mal, tandis que le second s'est amendé au point de finir honnêtement une carrière dont les débuts laissaient fort à désirer! En est-on bien sûr?... Nous sommes loin de partager cette conviction, et le préfet de police de l'époque, M. Gisquet, nous paraissait être singulièrement près de notre avis lorsqu'il écrivait :

« Un homme (le sieur Vidocq), qui avait acquis une sorte de célébrité sous la Restauration, fut le créateur de la brigade de sûreté, spécialement occupée de cette partie de la police. Vidocq, dans les entraves de ses anciennes relations, ne s'entoura guère que d'hommes flétris par la justice. Il choisissait lui-même ses agents, fixait arbitrairement leur salaire, était toujours l'intermédiaire entre eux et l'Administration pour la remise des fonds destinés au payement de leurs honoraires, et disposait de ses agents à peu près comme il l'entendait.

« La répugnance bien naturelle que les préfets, et même les employés supérieurs de la Préfecture, éprouvaient à être mis en contact avec les hommes de cette brigade et à s'initier aux détails de leurs occupations, laissait une direction presque absolue et sans contrôle au chef qui la commandait.

« Vidocq est un homme doué d'intelligence et de caractère, seulement un peu tourmenté du besoin de faire parler de lui. Je passerai sous silence les services qu'il a pu rendre, puisqu'ils appartiennent à une autre époque, mais il n'est pas superflu de dire qu'après l'avoir employé pendant quelques mois, je reconnus que son habileté n'était pas (ou n'était plus) au niveau de sa réputation. C'est surtout dans cette branche qu'il faut varier et renouveler souvent les moyens de découvrir les coupables. Vidocq avait sans doute usé toutes les ressources de son imagination, car, après avoir obtenu de ma confiance la direction de la brigade, il resta dans l'ornière de ses anciennes habitudes, de ses ruses, qui n'étaient pas toujours avouables, et qui, mises tant de fois en usage, ne pouvaient plus avoir de chance de succès.

« Quoi qu'il en soit, Vidocq m'ayant été

adressé par M. de Bondy au commencement
de 1832, profita de l'audience que je lui
accordai pour faire ressortir l'inhabileté des
agents de la sûreté alors en fonctions, et
pour mettre en relief sa supériorité. J'étais
effectivement peu satisfait de la manière
dont se faisait alors ce service, et, comptant
sur les améliorations promises par Vidocq,
je lui rendis, deux ou trois mois après, le
poste qu'il avait occupé. Mais il reprit avec
lui les débris de son premier entourage et
l'expérience d'un trimestre suffit pour me
faire reconnaître tous les inconvénients d'attacher de tels auxiliaires à la Préfecture.

« Dans le courant de septembre 1832, un
procès criminel eut lieu pour un vol commis
à la barrière de Fontainebleau, le 23 mars
précédent. Trois accusés, savoir : Lenoir,
Moureau et Cloquemin, furent condamnés à
vingt ans de travaux forcés; deux autres,
Seguin et Deplantes, à cinq années de réclusion, et enfin le nommé Léger, devenu, depuis l'exécution du vol, agent de Vidocq,
à deux années de prison. A cette occasion,
j'ai vu que Vidocq continuait à mettre en
œuvre des repris de justice et qu'il procédait
quelquefois par des moyens auxquels on
pouvait reprocher un certain caractère de
provocation. Cela me décida à le révoquer et à
renvoyer les agents impurs dont il se servait.

« Jusque-là, on pensait généralement qu'on
ne pouvait faire la police des voleurs qu'avec
des voleurs. Je voulus essayer de la faire faire
par des gens honnêtes, et les résultats ont
prouvé que j'avais raison. »

. . . .

Nous avions donc raison, à notre tour, de
dire qu'il y avait lieu d'hésiter entre Coignard
et Vidocq, au regard de la « pure morale ».

Ce n'est certes pas avec ses 1.800 francs
par an que ce « chef de la sûreté d'occasion »
eût pu mener le train de vie qu'il affichait
ostensiblement au sortir de la Préfecture de
police, s'il n'eût ajouté à ses appointements
quelques ressources d'origine suspecte. Ce
train de vie, d'ailleurs, le conduisit rapidement à la ruine, malgré la publication lucra-
tive de *Mémoires* auxquels il est difficile
d'ajouter une foi entière.

Coignard n'a pas publié de *Mémoires*, et
pour cause. Il n'en mérite pas moins d'être
connu, et c'est une des raisons pour lesquelles nous écrivons ces lignes.

*
* *

Ce n'est pas que les biographies aient
manqué à notre aventurier. Sans parler des
longs articles qui lui ont été consacrés, soit

dans la *Gazette de France*, soit dans le *Journal des Débats*, à l'époque de son procès, soit ensuite dans les revues judiciaires, nous trouvons de lui un portrait assez bien brossé — par Fromont, ex-chef de brigade au cabinet particulier du préfet — dans la *Police dévoilée depuis la Restauration*, publiée en 1829, puis dans la 2e édition de l'*Histoire de Vidocq*, du même auteur, mise en vente en 1830.

Mais ces brochures sont en contradiction avec le *Supplément* aux mémoires *de Vidocq*, paru la même année, ce qui n'est pas surprenant étant donné le nombre considérable de personnages différents qui « firent parler » le chef de la sûreté. D'ailleurs, ces mêmes erreurs se retrouvent soit dans les *Drames judiciaires* de Ch. Dupressoir, soit dans les notes de Saint-Edme, si bien que, de nos jours, les différents auteurs chargés d'écrire un résumé de la vie de Coignard — pour un journal ou pour un document officiel — ne sont pas en concordance sur les traits essentiels de son histoire, comme l'origine de son faux état civil, l'usurpation du nom de Pontis de Sainte-Hélène et du titre de comte y afférent. Et cependant, toute « l'aventure » tourne autour de ce point.

Assurément la recherche de la vérité est ici particulièrement ardue : l'acteur principal

du drame, après avoir embrouillé volontairement son existence, n'a cherché qu'à
égarer la justice durant tout le cours de son
procès. Il n'y a réussi qu'en partie, puisqu'il
n'a pu faire naître le doute dans la conscience
des juges qui l'ont condamné implacable-
ment. Mais, par contre, ses mensonges, ses
tergiversations, ses réticences ont semé sous
la plume de ses historiographes des contra-
dictions perpétuelles.

Il serait cependant curieux de connaître
exactement ses débuts dans la vie militaire — que certains placent à sa sortie de
l'enfance, à l'époque de la Chouannerie —
puisque c'est de ce court passage aux armées
que ces mêmes auteurs déduisent l'aptitude
de Pierre Coignard au commandement —
aptitude qui lui permit de faire bonne figure
— pendant plusieurs années — sous l'uniforme de lieutenant-colonel. Or, ces débuts
sont des plus obscurs. Tout aussi obscures
sont ses relations avec la famille de Montausier, sa vie de vol et de rapine avant sa
première condamnation aux fers en 1800,
son évasion du bagne de Toulon, en 1805,
son voyage dans le Midi de la France et
sa fuite en Espagne peu de temps après.

Fit-il la connaissance de Rosa Marcen,
« cette grande belle fille à l'œil noir et au
teint savoureux », dès son arrivée dans la

Péninsule? Ou en 1814, comme il l'a déclaré lui-même devant ses accusateurs? Prit-il le nom de Pontis avant de la connaître, ou après?

Toutes questions qui n'ont pas été mises au point, pas plus que la présence et la mort en Espagne d'un émigré français de la famille des Pontis de Sainte-Hélène, dont il aurait pris les papiers.

Pourquoi abandonna-t-il la fortune de Napoléon pour suivre celle de Louis XVIII? Pourquoi continua-t-il à mener cette existence double, alors qu'il aurait pu tranquillement vivre avec sa solde d'officier supérieur à son retour en France? Pourquoi se sauva-t-il au lieu de tenter de se justifier lors des accusations de 1817, et pourquoi se fit-il prendre si maladroitement quelque temps après? Voilà ce que nous nous proposons d'éclaircir afin de mettre au point, aussi exactement que possible, la véritable physionomie de Pierre Coignard au regard de ce qu'on a appelé la petite histoire.

*
* *

Nous ne considérerions pas notre tâche comme terminée, si nous ne cherchions à élever le débat, en discernant les causes profondes de la fortune de ce bandit célèbre. Il n'a pas eu seulement à mettre en œuvre une audace sans borne. Il a fallu aussi qu'il soit servi par des circonstances exceptionnellement favorables, nées du désordre et de la confusion qui régnaient en France au moment de la Restauration. Ainsi put-il tromper tout le monde et le roi lui-même, pendant plusieurs années.

Qu'il ait facilement réussi en Espagne — terre d'élection des « capitaines de voleurs » chers aux romanciers picaresques — cela se comprend. Mais qu'il ait réussi dans son propre pays, cela semble plus difficile, surtout lorsque ce pays a la prétention d'être une terre d'ordre et de tradition.

Quelle était la police à cette époque?

Quelles étaient les garanties exigées des candidats aux fonctions publiques?

Comment a-t-on pu abuser à ce point des personnages officiels peu crédules par métier?

Nous savons bien que la France venait de traverser de dures épreuves: vingt-cinq ans de guerre civiles ou étrangères ininterrompues, et que dans cette période agitée quantité d'archives avaient disparu. Mais notre Histoire a connu d'autres troubles en 1848, sous la Commune, et même de nos jours, de 1914 à 1919, au cours desquelles beaucoup d'actes d'état civil ont été anéantis; et cependant, à notre connaissance, aucun aventurier de l'envergure de Pierre Coignard n'a pu réussir par la suite à mener pareille existence en partie double tout au moins pendant aussi long-temps.

Le fameux « baron Reith », qui a défrayé tout dernièrement les chroniques judiciaires, ne peut en aucune façon soutenir la comparaison avec le « comte de Sainte-Hélène ».

Quel était donc le milieu dans lequel avait évolué ce bandit?

Faisait-il partie de cette Société secrète de malfaiteurs dont parle Balzac dans son *Père Goriot ?*

Le « Vautrin » du grand romancier a-t-il été inspiré par cet aventurier?

Quelle conclusion peut-on tirer de son « histoire »?

Voilà ce qu'il serait utile de connaître et c'est, en fin de compte, pour répondre à ces questions, que nous avons écrit cet ouvrage.

PREMIÈRE PARTIE

LE FORÇAT

CHAPITRE PREMIER

LA BELLE AVENTURE

Si Pierre Coignard n'est pas devenu un personnage légendaire à l'instar de Vidocq, pourtant ses débuts dans le grand monde sont demeurés suffisamment mystérieux pour faire naître un roman qui a subsisté après le héros lui-même.

Dix ans après la mort de ce dernier, le poétique récit se retrouvait sous la plume de MM. Alboize et Maquet dans le livre célèbre des *Prisons de l'Europe.* Et de nos jours encore, certains auteurs y ajoutent une foi entière.

L'histoire est bien belle, il est vrai, et nous ne saurions résister, à notre tour, au plaisir de la reproduire.

Un soir du mois de juillet 1805, un homme

qui s'était tenu tout le jour abrité sous une roche écartée, à deux lieues de Toulon, et sur le rivage même de la mer, vit accoster une frêle embarcation dont le chargement fut mis à terre dans une calanque. Après s'être assuré que des regards indiscrets ne pouvaient l'apercevoir, il se hasarda hors de sa cachette, vint au patron de la barque, et lui demanda de le prendre à son bord moyennant bonne récompense.

Le patron était Espagnol et se rendait en Catalogne. Contrebandier de son état, et donc peu scrupuleux, il ne s'informa point de la cause qui forçait son passager à fuir précipitamment sans passeport et sans bagage. Il raconta seulement, à son futur passager, peut-être pour l'éprouver, qu'au matin, louvoyant en attendant le soir, il avait entendu tirer trois coups de canon dans la direction des bagnes.

Mais l'inconnu parut se désintéresser complètement de cette anecdote.

— C'est possible, dit-il.

Et ce fut tout. On mit à la voile. Le vent était bon, la barque bonne marcheuse. On fit cette nuit même tant de chemin que le lendemain, au point du jour, la côte de France n'apparaissait plus même comme une ligne pâle à l'horizon. L'inconnu poussa un soupir qui ne paraissait pas un soupir de regret.

On fut bientôt en vue des côtes de Catalogne. Le passager, grâce à quelque connaissance de la langue espagnole, avait lié conversation avec les quatre hommes de l'équipage. On causait. Le passager questionnait beaucoup : les matelots, alléchés par quelques promesses, répondaient sans se faire prier.

La Méditerranée a parfois des flots si doux qu'ils laissent la vue planer de loin sur la côte, comme si l'œil glissait sur la surface unie d'un lac. L'inconnu se fit désigner les maisons les plus apparentes de la plage qu'on allait aborder. Il se mit au courant des mœurs et des localités, retint plusieurs noms. N'était-il pas naturel qu'il prît des renseignements sur un pays dans lequel il voulait passer sa vie ? On lui donna tous les renseignements qu'il désira.

C'était un homme de 28 à 30 ans, robuste, plutôt beau que laid, mais beau vulgairement. Sa physionomie intelligente et mobile savait forcer la sympathie des plus réservés. Les matelots, ses nouveaux compagnons, le chérissaient déjà comme un bon vivant, au poignet de fer, à la main prodigue. Quand il débarqua, ils le regrettèrent.

Il pénétra dans l'intérieur des terres et

arriva près d'une ville située à quelques
lieues de la mer. Il faisait beau; la route était
charmante et plantée de grenadiers. Un petit
ruisseau coulait dans le gazon et se perdait
dans un large champ de fraisiers embaumés.
Notre homme s'arrêta, but de l'eau, mangea
des fraises et allait reprendre sa route quand
un gémissement frappa son oreille.

Il vit, seule sur le chemin, s'essuyant les
yeux et pleurant bien à l'aise, une belle fille
de 20 ans environ, au corset de velours noir,
à la jupe verte, aux bas rouges; de beaux
cheveux noirs serrés dans une résille un peu
fanée, de bonnes mains plus robustes que
blanches, une jambe hardiment cambrée,
semblaient annoncer une de ces santés épa-
nouies qui, d'ordinaire, laissent peu de prise
à la mélancolie. Cependant la belle fille
pleurait à chaudes larmes. L'inconnu jeta
ses fraises, s'essuya la bouche et s'avança
vers l'affligée, qui poussa un cri et cacha
son mouchoir.

— Qu'avez-vous donc à pleurer, señorita?
Vous a-t-on offensée? avez-vous besoin de
secours ou de protection? Parlez, je vous en
prie; il ne sera pas dit qu'on aura fait pleurer
une femme en ma présence...

— Merci, señor français, répondit la fille,
à qui l'accent de son interlocuteur faisait
reconnaître un étranger; vous ne pouvez

rien pour me consoler; personne ne m'a offensée; je pleure parce que je suis triste.

— Et vous êtes triste, parce que?...

— Ah! Señor, ce serait trop long à raconter.

— Bah! dites toujours, il fait beau, voici de l'eau excellente et des fraises... Tenez, mangez donc celle-ci, elle embaume.

La fille sourit; cette galanterie peu dispendieuse ne lui déplut pas. Cependant, après avoir refusé, puis mangé la fraise, elle soupira encore et dit :

— Adieu, señor français.

— Ah! vous n'allez point partir comme cela tout de suite après dîner.

— Il le faut, je veux être ce soir au port pour m'embarquer demain.

— Voilà qui est bizarre; j'arrive, moi, de l'endroit où vous allez, et je vais probablement à l'endroit que vous quittez, dit l'inconnu en montrant du doigt la ville dont les clochers se dessinaient à travers les arbres.

— Et que je n'eusse jamais quitté, Señor, sans le malheur qui m'est arrivé.

Nouveau soupir : la jeune fille recommença à pleurer.

— Ah! contez-moi cela, Mademoiselle... Parbleu! vous ne sauriez avoir plus de malheur que moi... Contez-moi cela, pour me consoler un peu, au cas où je trouverais quelqu'un plus maltraité que moi de la fortune.

— J'étais au service de M. le comte de Pontis de Sainte-Hélène, émigré français, qui, après avoir fait longtemps la guerre en Amérique, vint demander du service au roi d'Espagne parce que le climat de l'Amérique était nuisible à sa santé. C'était un fameux général. Il avait gagné tous ses grades à la pointe de l'épée... Il s'établit donc en Espagne, loin de sa famille, d'origine picarde, que la Révolution avait ruinée... On l'incorpora dans un corps sédentaire et il commençait à vivre heureux, lorsque la mort le surprit dans une petite maison qu'il occupait à 2 lieues de la ville que vous voyez là-bas. Je l'ai bien soigné, comme si j'eusse été sa fille ou sa femme et, comme il n'avait plus rien, il ne me fit pas riche en mourant : j'ai sa montre d'or, quelques ducats, un peu de linge que je vendrai à la première occasion et cette petite cassette qui contient des paperasses inutiles, dont M. le Comte faisait, hélas ! beaucoup de cas. Ah ! comme la mort est cruelle ! Elle apprend aux hommes combien leurs intérêts les plus chers sont peu de chose.

— Pardieu ! voilà raisonner, dit l'inconnu intéressé par cette franche et honnête physionomie. Alors vous êtes seule ?

— Oui, je veux travailler, mais en France. M. le Comte a, dit-on, une parente du côté de Soissons; je lui porterai les papiers; elle me prendra peut-être à son service. Il me faut peu pour vivre et vivre dans le souvenir de mon bon maître sera une fortune pour moi.

— Vous êtes une bonne personne, Señorita; comment vous nomme-t-on?

— Maria-Rosa, Señor.

— Un nom charmant. Tenez, Señorita, si vous étiez moins jolie, et moi moins malheureux, je vous dirais que vous me convenez fort! Je ne suis, hélas! qu'un pauvre mécanicien d'un grand talent... mais qui n'a pas toujours aimé le travail. Une autre passion m'a perdu... J'ai laissé une femme qui, par sa légèreté, sa perfidie... mais laissons cela... Vous avez quelques ducats, m'avez-vous dit; eh bien! moi je n'en ai plus qu'un; vous avez du linge, une montre; moi je n'ai que mes habits en assez mauvais état, et ce briquet qui vient de ma grand'-mère... Vous avez des papiers dans une cassette; moi je n'ai ni cassette ni papiers. Vous êtes donc incomparablement plus heureuse que moi. Vous faire la cour, ce serait vous exposer à une mésalliance...

— Pauvre señor étranger! dit Maria-Rosa.

— Mademoiselle, je puis cependant vous

rendre un service. Vous m'avez parlé de paperasses inutiles, et auxquels M. de Pontis
de Sainte-Hélène tenait beaucoup; eh bien!
je vous apprendrai qu'il n'y a jamais de paperasses inutiles et vous avez peut-être une
fortune dans ces papiers-là. Montrez-les-moi,
je vous instruirai si bien que vous m'en sau-
rez gré peut-être.

— D'autant mieux que M. le Comte était
Français et que je ne comprends pas le français; or, ses papiers sont pour la plupart
écrits en cette langue. J'accepte donc,
Señor.

— Jamais notaire ou alguazil n'épluchera
vos papiers comme je le sais faire, Señorita,
dit gaiement l'inconnu, qui, en un tour de
main, prit et retourna la cassette, s'apprê-
tant à l'ouvrir.

— Un moment, dit tout à coup Maria-
Rosa, un moment, Señor! Ah! maudite que
je suis! Je n'y pensais pas.

— A quoi?

— C'est que pour lire les papiers, il faut
ouvrir la boîte et je veux la donner intacte
à la parente de mon maître.

— C'est-à-dire que vous voulez vous dépouiller, en faveur d'une inconnue, de la
fortune, peut-être immense, qui est contenue
dans ce coffre. Un coffre, voyez-vous, c'est
toujours bon à ouvrir.

— Vous avez raison; ouvrez, Señor.

Elle n'avait pas achevé, que sans clef, avec la pointe d'un canif, l'inconnu avait fait sauter le couvercle du coffre et jetait dans les papiers un coup d'œil exercé. Maria-Rosa le regardait faire et témoignait d'un intérêt qui parut de bon augure à cet homme de loi d'un nouveau genre.

— Acte de naissance; bon... bon... de baptême... de mariage... Ah! fort bien, acte de naissance de Mme la Comtesse... Il paraît qu'il s'était marié.

— Oui, et il parlait souvent de sa femme avec tant de plaisir.

— Maintenant, ce sont les parchemins, les titres de noblesse... et puis les actes de service... Peste! Il était ordonné, le comte de Sainte-Hélène... ces papiers sont tenus dans les formes les plus correctes.

Et l'inconnu se mit à rêver.

— A quoi pensez-vous, Señor? demanda la jeune fille.

— Donc, il est mort, le comte de Sainte-Hélène?

— Hélas, oui!

— Et ses parents, les connaissez-vous?

— Il n'en avait plus.

— Ses amis?

— Il vivait seul.

— Mais ses connaissances...

— Il revenait d'Amérique; toutes ses connaissances étaient là-bas.

— Personne ne le connaît donc en ce pays?

— Oh! son nom a été dans les gazettes.

— Tant mieux, morbleu! s'écria l'inconnu, dont le sang colora les joues comme il arrive à tout homme inspiré. Voyons, relisons, calculons de nouveau : oui, c'est cela, rien n'y manque... c'est parfait.

Et il retomba dans sa méditation.

— Il faudrait refermer le coffre, Monsieur, et me dire adieu, car voilà bien longtemps que nous jasons... Croyez-vous encore que ces papiers renferment une fortune?

L'inconnu sourit d'une façon étrange.

— Qu'avez-vous rêvé depuis votre enfance, Maria-Rosa?... la richesse ou la grandeur, le plaisir ou l'orgueil?

— Tout, répondit naïvement la belle fille, mais j'ai rêvé, voilà tout.

— Eh bien! voulez-vous dès demain jeter ces vêtements vulgaires, fouler en carrosse le pavé des grandes villes; abandonner ce nom charmant, mais trop simple?

— Je ne vous comprends pas.

— Voulez-vous être riche, parée, respectée... faire envie à la plupart des femmes dont vous détournez les yeux par crainte de devenir envieuse?

PIERRE COIGNARD

— Expliquez-vous!

— Voulez-vous, dès demain, être appelée Mme la comtesse de Sainte-Hélène, et jouir de tous les biens qui sont attachés à cette noblesse qui vous éblouit? Oui, ne me regardez pas avec ces grands yeux étonnés; oui, Maria-Rosa, oui, comtesse de Pontis de Sainte-Hélène, laissez-vous persuader, développez cette intelligence qui brille dans votre sourire et nous serons heureux à notre façon, non pas comme de pauvres gens, non pas comme des serviteurs enrichis par leurs maîtres, mais libres et riches, chamarrés de dignités, protégés par les rois.

— Je comprends, dit Maria-Rosa, réfléchissant à son tour. Soyons les personnages dont les titres dorment dans cette cassette et dont les os dorment en Amérique ou dans un cimetière de la vieille Espagne.

— Vous l'avez dit.

— Mais où trouverons-nous de l'argent pour commencer?

— Je vous remercie de n'avoir pas parlé en femme ordinaire... Je tremblais que vous ne vinssiez à me dire : si nous étions découverts?

Maria sourit.

— J'ai beaucoup pensé dans ma vie, Señor, dit-elle, si j'ai peu agi.

— Eh bien! concluons-nous?

— Si vous me trompiez? si vous m'alliez

abandonner quand vous tiendrez les papiers...

L'inconnu regarda la jeune fille en lui disant :

— Un penchant involontaire, qui m'attire vers vous, me transfigure aujourd'hui... Beaucoup de gens à ma place se fussent contentés de vous voler cette cassette et les quelques ducats que vous possédez.

— Non, Señor, dit tranquillement Maria, car j'ai un bon poignard.

Et elle fit luire aux yeux de l'inconnu une belle lame de quatre pouces de longueur, acérée comme un dard de vipère, tranchante comme un rasoir.

— Diable! j'ai trouvé une digne compagne. Alors pourquoi me parliez-vous de crainte, de défiance?

— Pour voir ce que vous me répondriez; car, enfin, Señor, si vous avez les papiers, j'aurai votre secret, et si je fais votre fortune, vous ne pourrez me dépouiller de ma part sans perdre la totalité.

— Je ne vous demande donc plus si c'est chose conclue.

— En France, on se frappe, je crois, dans la main, Señor?...

— Oui, Maria-Rosa.

— C'est-à-dire, oui, comtesse de Sainte-Hélène, voulez-vous dire.

— C'est vrai.

— A propos, comment vous nomme-t-on, Señor?

— On me nomme le comte de Pontis de Sainte-Hélène.

Et l'inconnu ajouta d'un seul trait toute la kyrielle des titres, offices et apanages décrits dans les papiers du comte et que sa prodigieuse mémoire avait retenus sans une ombre d'erreur.

— Voici ma main, Comte.

— Voici la mienne, Comtesse. A propos, dites-moi, je vous prie, pourquoi vous pleuriez tout à l'heure, car, avec votre tempérament et votre caractère, la faiblesse est incompatible et la sensibilité outrée...

— Je pleurais de voir un si lugubre avenir ouvert à ma jeunesse, au lieu du destin que j'ai le droit d'attendre.

— A la bonne heure! Je sens, Maria-Rosa, que je vous aimerai à la folie.

— Tant mieux... car je n'ai jamais aimé personne.

Après quelques moments donnés au plaisir d'une si heureuse découverte, les deux associés partirent ensemble et gagnèrent la ville prochaine. Ils vendirent quelques hardes, consultèrent et apprirent par cœur leurs généalogies, leurs titres de noblesse, voyagèrent huit jours environ, ce qui les amena au plein cœur de l'Espagne. Là, ils prirent définitivement les noms de comte et de comtesse de Sainte-Hélène.

Et le comte songea qu'une seule carrière lui était permise désormais : c'était celle des armes !

Mais avant de suivre cet inconnu dans sa vie militaire, il serait utile de faire plus ample connaissance avec lui.

Au surplus, qui était-il ?

D'où venait-il ?

Qu'y avait-il de vrai dans le récit ci-dessus ?

Ceci. Dans le courant du mois de juillet 1805, il y avait eu, en effet, une évasion du bagne de Toulon et trois coups de canon avaient — suivant la coutume — annoncé aux gardiens, aux soldats et à la population, la fuite d'un forçat.

Il est encore exact que le bandit avait pu déjouer toutes les recherches et gagner la terre espagnole.

Mais ce n'est pas par mer qu'il arriva dans la péninsule et ce n'est pas non plus à ce moment-là qu'il fut reçu par une belle señorita.

Ses projets n'en étaient pas moins établis; le fuyard allait changer de nom, se faire soldat et tenter la fortune par tous les moyens possibles, avouables ou non.

Or, cet inconnu, cet ex-forçat n'était autre que Pierre Coignard, dont nous allons, conter cette fois, l'histoire véritable.

CHAPITRE II

PIERRE COIGNARD

Pierre Coignard naquit en Touraine, au bourg de Langeais, d'un père sellier de profession, et non vigneron, quoi qu'on en ait dit, peut-être à cause de la renommée du pays. Vit-il le jour en 1779, suivant l'affirmation de certains auteurs? ou quelques années auparavant, comme le laisserait supposer le registre des matricules concernant les forçats du bagne de Toulon?

Nous inclinerions vers cette dernière opinion, non pas à cause du registre ci-dessus — dont nous mettrons plus tard l'authenticité en doute — non pas à cause de la date fantaisiste de 1774, choisie par l'intéressé lui-même pour les besoins de sa cause au cours de son existence mouvementée, non pas non plus d'après les souvenirs des témoins au procès, mais plutôt d'après la date d'incorporation de Pierre Coignard au régiment. Il fallait, en effet, être en état de porter les armes pour s'enrôler ; or, il est avéré que notre aventurier participa aux nombreuses guerres de Vendée et fit partie des levées en masse ordonnées par la République. Il devait donc compter au moins seize printemps à ce moment-là, ce qui placerait sa naissance bien avant 1779, pour être en règle avec l'arithmétique.

Coignard était issu d'une famille nombreuse dont plusieurs autres membres furent mêlés à cette histoire.

Anne Velouse, la mère du futur « lieutenant-colonel », eut quatorze enfants : six garçons et une fille dépassèrent l'âge de l'adolescence ; les autres moururent dans leur prime jeunesse.

Pierre était l'aîné.

Louis, Joseph, Isidore, Maurice et Alexandre le suivaient de près.

Joseph et Maurice ne quittèrent pas la maison paternelle ; quant à Isidore, il devint capitaine dans la Légion de l'Indre. Ce furent les bons gardiens du foyer. Ils firent honneur à leurs parents, dont la vie toute de droiture et de labeur était citée en modèle dans tout le pays tourangeau. Hélas ! pourquoi n'en fut-il pas de même du trio que formaient Pierre, Louis et Alexandre? Pourquoi devinrent-ils rapidement de « mauvais sujets »? Pourquoi désertèrent-ils les saines traditions de la famille pour entrer dans la voie du mal? Est-ce à cause de l'état d'anarchie dans lequel se débattait le pays, ce qui permettait tous les désordres? Est-ce à cause d'une oisiveté soigneusement entretenue par les intéressés? Nous ne le croyons pas, puisque, d'une part, les autres frères placés exactement dans les mêmes conditions et dans le même milieu ont bien tourné, et que, d'autre part, chacun des six garçons avait appris un métier au sortir de l'enfance. C'est ainsi que Pierre fut apprenti chapelier. Ce n'est donc pas de ce côté qu'il faut rechercher les causes de la mauvaise conduite du « trio ». Admettons tout simplement que les bons exemples ne prévalurent pas sur les mauvais instincts de Pierre, de Louis et d'Alexandre.

D'ailleurs, ces trois mauvais sujets conservèrent constamment le contact. Mais incontestablement, ce fut autour de Pierre que gravitèrent les deux autres, Louis au début de sa vie, Alexandre à la fin de son existence.

Nous évoquerons souvent les noms de Louis et d'Alexandre au cours de ce récit.

CHAPITRE III

DÉBUTS MILITAIRES

Les uns veulent placer les débuts militaires de Pierre Coignard sous la Révolution. Il aurait été affecté au régiment des grenadiers de la Convention nationale avec le grade de caporal. D'après d'autres renseignements, il aurait déjà servi à la fin du règne de Louis XVI. Cette dernière thèse — admise au procès — rallie nos suffrages, d'abord parce que nous faisons remonter la date de naissance de notre aventurier aux alentours de 1770, ensuite parce que sa façon de se comporter parmi les troupes de la République n'est pas celle d'un conscrit. Au surplus, Pierre n'a jamais fait partie des grenadiers : c'est Louis qui servit, à un moment donné, dans ce corps d'élite, et, seule, la ressemblance frappante des deux frères a pu faire naître cette confusion dans l'esprit de certains.

Pierre ne tenait pas trop à servir dans les troupes régulières où les « chapardeurs » étaient particulièrement surveillés. Les bandes de partisans faisaient beaucoup mieux son affaire; aussi, dès le début de la Chouannerie, le vit-on se glisser dans les armées des trop fameux commissaires, les Rossignol, les Santerre et autres généraux de place publique.

« Perpétuel transfuge, il passait d'un camp à un autre. S'était-il attiré quelque désagrément chez les bleus, il passait aux blancs; et si ces derniers lui cherchaient noise pour quelques-uns des larcins dont il s'était rendu coupable, afin de se dérober à la poursuite, il revenait aux bleus. A chaque instant il se voyait contraint de déguerpir parce qu'il s'était compromis. Aussi ferait-on une longue liste des lieux où il n'a fait que paraître et disparaître, des noms qu'il a portés, et des régiments où il a servi (1). »

Ce n'est pas cette façon de servir qui a pu lui donner quelques connaissances en art militaire. Mais elle a pu développer en lui l'esprit audacieux, le goût du risque, les qualités d'initiative qui lui furent particu-

_____

(1) Mémoires de Vidocq.

lièrement utiles en Espagne où les troupes se livraient de part et d'autre à une guerre d'embuscade. A cette époque, le courage pouvait quelquefois tenir lieu de savoir. D'ailleurs Coignard ne devait pas avoir passé sans profit par les troupes régulières, dans les dernières années de la Royauté, sans en avoir retenu quelques principes. Aussi pouvons-nous admettre facilement qu'il fit un « chef » convenable au temps de sa splendeur.

C'est au cours des soulèvements de l'Ouest qu'il fit connaissance de la famille de Montausier : son passage parmi les Chouans devait lui rapporter. De cette époque datent, en effet, les débuts de ses exploits « civils ».

CHAPITRE IV

PREMIERS ABUS DE CONFIANCE
PREMIÈRES ESCROQUERIES

Jusqu'à cette époque, Pierre s'était contenté d'être un soldat dénué de scrupules, débauché et pillard. Mais il n'allait pas s'arrêter en si bon chemin.

Les lauriers de Louis commençaient à le gêner.

Ce dernier, quoiqu'un peu plus jeune, l'avait, en effet, précédé dans la mauvaise voie.

Désertant plus tôt que son aîné la vie militaire, qui lui pesait, Louis commit un grand nombre de vols, tant à Paris qu'en province, avant d'être atteint par la justice.

Arrêté à Paris, il écrivit à son frère qui réussit à le sauver deux fois de la prison à l'aide de moyens douteux : démarches, corruption de témoins, etc.

La plus belle affaire de complicité dans laquelle se trouvèrent compromis ces deux Coignard fut celle du vol commis chez M. de Montausier.

Comme nous l'avons dit, Pierre était entré en relations avec cette vieille famille du Poitou pendant les guerres de Bretagne. Il sut plaire à la comtesse, il sut capter la confiance du mari, qui se l'attacha. Jamais Pierre n'avait été à pareille fête : aussi eut-il vite fait d'oublier le noble métier des armes. Il n'en était plus à une désertion près. Aimé du maître et de la maîtresse de céans, étant plus qu'intendant, mieux que secrétaire, presque un ami, notre aventurier fut accueilli avec bienveillance par les gentilshommes des environs. A cette époque, quelques horions reçus sous la casaque des Chouans équivalaient parfois à des quartiers de noblesse. Au contact de cette bonne compagnie, Coignard contracta le ton, les belles manières et l'habitude du monde dont il devait faire plus tard un si triste usage. Est-ce là qu'il entendit pour la première fois parler d'une famille des Pontis, dont la Révolution aurait dispersé les membres en France et à l'étranger, au hasard de l'émigration ? C'est possible, puisque ce nom figu-

rait dans l'armorial de France et que, d'autre
part, on avait accoutumé de faire rouler les
conversations, en ces tristes temps, sur les
malheurs des « ci-devant » proscrits. Est-ce
à ce moment déjà qu'il conçut l'idée de se
servir, le cas échéant, d'un nom d'emprunt,
un peu plus sonore que le sien, afin de se
pousser dans la vie ? C'est une hypothèse qui
n'est pas invraisemblable, mais qui n'est
pas vérifiable. Quoi qu'il en soit, Pierre apprit
beaucoup de choses dans ce milieu aristo-
cratique, ne serait-ce que l'art d'abuser de
la crédulité des gens bien nés. Car il sut
tromper merveilleusement son monde —
chez les Montausier eux-mêmes — et sans
tarder. C'est ainsi que de passage à Paris,
avec ses protecteurs, logé dans leurs propres
appartements, il introduisit chez eux son
frère Louis qui habitait, à cette époque, la
capitale, et qui prit les empreintes des clefs
de la maison. Le résultat ne se fit pas attendre : quelques jours après, 1.700 louis et
les bijoux de la comtesse avaient disparu.

Mais Louis avait été vu et reconnu par le
portier le jour du vol. Accusé par ce dernier,
il fut arrêté.

La situation de Pierre devenait délicate :
pour écarter tout soupçon, il feignit d'être
révolté de la conduite de son frère,... mais
au fond de lui-même il se promettait bien

de le sauver. Et, pour commencer, il eut l'habileté de persuader aux Montausier que le trésor dérobé pourrait être restitué si le « malheureux égaré » était remis en liberté.

Le comte eut la faiblesse de le croire. Il est vrai que Pierre jouait admirablement la comédie; et puis, n'était-ce pas naturel de voir un aîné s'employer à sauver du déshonneur le cadet en perdition ?

Le portier fut donc invité, par son maître, à reconnaître « son erreur » lors de la confrontation avec Louis. Le portier devait s'être trompé! L'ordre fut exécuté. De là à retirer la plainte, il n'y avait qu'un pas... Le voleur retrouva ainsi sa liberté : seuls les bijoux ne reprirent pas le chemin de la maison. Alors Pierre parut s'étonner qu'on songeât à les réclamer à son frère. Ne l'avait-on pas reconnu innocent? Un innocent n'a rien à restituer. C'était cynique, mais logique. La complicité des deux frères apparaissait dans toute son horreur. On ne s'étonnera pas que ce trait ait bien refroidi l'amitié que le comte avait portée à Pierre, et, malgré les services rendus, ce dernier dut quitter le domicile des Montausier.

Pierre se rendit compte alors qu'il était grand temps, pour lui, de tenter la fortune en d'autres pays. Et, contrairement au proverbe connu, les voyages ne formèrent pas sa jeunesse, bien au contraire! Ils ne lui servirent qu'à semer sa route de méfaits. Tours de coquin par-ci, exploits de malandrin par-là, escroqueries en France, vols à l'étranger, Coignard devenait tristement célèbre. S'adaptant aux usages commerciaux du pays, à Amsterdam il se fit joaillier. Son audace y grandit avec son talent. On jugera de sa maîtrise par ce simple fait : il réussit à dérober pour 100.000 écus de diamants... à un juif! Et voici comment :

Ayant invité le marchand à apporter les pierres dans son cabinet, Pierre prend la marchandise et la range dans un secrétaire de fort bonne apparence.

— Maintenant, dit-il, au marchand, attendez un instant, je vais vous chercher les valeurs que je dois vous remettre en paiement.

Coignard partit bien,... mais ne revint pas.

Le procédé a été vulgarisé depuis et figure maintenant au répertoire, où il obtient, de nos jours encore, le plus vif succès. Mais voici la marque personnelle du maître, qui, à notre connaissance, n'a plus été renouvelée : le mur était percé, le secrétaire également, si bien que l'aventurier avait pu faire main basse sur les diamants en passant dans la pièce voisine et fuir ensuite avec son trésor

LE FORÇAT

par une porte dérobée, sans être aperçu du malheureux vendeur dont la déconvenue ne dut pas être mince !

De nos jours, les perceurs de murailles ont opéré dans cette ligne. Mais leur travail est besogne de démolisseurs à côté de cette combinaison harmonieuse de la ruse et des moyens matériels « par manière de larcin furtivement fait ».

*
* *

Pierre n'opérait pas toujours seul, d'ailleurs. Malgré son jeune âge, il était connu d'un certain nombre de coquins de son espèce. C'est ainsi qu'il participa avec un certain Capdeville, vers le 9 thermidor, au cambriolage de l'appartement de la comtesse de Saint-E... dans l'hôtel d'Aligre, rue d'Orléans-Saint-Honoré. Le comte ayant été mis hors la loi, sa femme avait jugé prudent de se retirer dans ce quartier où elle était connue sous le nom de citoyenne Larcher. On la disait riche. La raison était suffisante pour attirer l'attention de nos deux bandits, d'autant qu'ils étaient précisément renseignés sur la situation de fortune de cette noble dame par une femme de chambre indiscrète.

Ils décidèrent d'opérer au grand jour en

abusant de la fausse position de la « ci-devant comtesse » au regard de la loi.

Escortés de deux complices et munis d'un mandat de perquisition, qu'ils s'étaient décernés, ils se présentèrent à l'hôtel d'Aligre au nom de la République. Capdeville avait revêtu l'habit des commissaires de police. Le but de la visite était trop normal pour que la citoyenne Larcher n'en fût pas effrayée : on la soupçonnait, en effet, au dire des pseudo-policiers, d'entretenir une correspondance avec les ennemis du régime! L'accusation était grave, surtout à ce moment-là! Aussi la bonne dame protesta de toutes ses forces, mais la bande n'en procéda pas moins à la visite domiciliaire. Le faux commissaire, pendant ce temps, se faisait livrer toutes les clefs de la maison... tout en se confondant en politesses. Ayant réussi, pendant un instant, à rester seul avec la comtesse, il l'engage à fuir sans perdre une minute. C'était un conseil qu'il croyait devoir lui donner dans son intérêt, mais c'était un conseil qui pouvait lui coûter cher, à lui, si ses chefs venaient à apprendre qu'il avait trahi sa fonction. On ne pouvait être plus chevaleresque. Le commissaire était vraiment bon enfant, et Mme de Saint-E... se laissa prendre à ses bonnes paroles. Qui n'eût fait de même à sa place?

D'ailleurs, elle était réellement affolée à l'idée de se savoir ainsi traquée ; d'autant qu'elle avait auprès d'elle une fillette de 14 ans qui se trouverait sans aucun doute à l'abandon si la justice révolutionnaire parvenait à se saisir de sa personne.

Le conseil lui parut providentiel : la fuite était le parti le plus sage à prendre. Mais, d'un autre côté, faire partager à une enfant les risques d'une opération de ce genre, c'était bien scabreux ; aussi, la « citoyenne Larcher » ne savait vraiment que faire. Elle confia sa détresse à Capdeville.

Ce dernier, comme bien l'on pense, n'était pas embarrassé pour si peu : il connaissait un pensionnat où la petite fille serait en sûreté. Il s'offrit même à la conduire. Il accepta, après quelques hésitations « de bon goût », l'argent destiné au prix de la pension. Il promit enfin de prendre toutes mesures utiles pour soustraire à l'avidité de gens sans aveu les richesses des Saint-E... dont ses agents avaient fait l'inventaire quelques minutes auparavant.

La comtesse était rassurée.

Elle partit n'emportant avec elle que le strict nécessaire pour gagner la frontière. Capdeville tint parole : il plaça l'enfant et revint ensuite avec des « témoins », pour enlever tout ce qui avait quelque valeur dans la maison. Il en dressa procès-verbal et fit signer les parties présentes, y compris la femme de chambre, à qui l'on remit un rouleau de 25 louis pour vivre en attendant le retour de sa maîtresse. C'était l'ordre du Comité de Salut public, affirmait l'habile coquin! Inutile d'ajouter que ce butin ne prit jamais la direction des caisses de l'État... ni le chemin du garde-meubles dans l'attente d'une levée de séquestre imaginaire! Ce trésor devait, en effet, enrichir pour peu de temps Capdeville, Pierre Coignard et autres bandits de moindre envergure. Mais, voulant jusqu'au bout donner l'apparence de la légalité à ce déménagement clandestin, nos malandrins apposèrent des cachets sur les portes de l'immeuble en instituant la femme de chambre gardienne des scellés. Ils disparurent ensuite... sans laisser d'adresse.

*
* *

Mais tout a une fin, même les exploits d'un Pierre Coignard! A la suite d'un vol commis la nuit par effraction dans une maison habitée, notre escroc fut arrêté... non sans s'être débattu. Mais les deux coups de feu tirés sur les agents ne servirent qu'à aggraver son cas. Il fut déféré devant la Cour de Paris.

CHAPITRE V

PREMIÈRE CONDAMNATION
PREMIER SÉJOUR AU BAGNE

Le Tribunal Criminel ne fut pas tendre pour Pierre : il avait accumulé sur sa tête tant et tant de motifs de condamnation que, malgré son extrême jeunesse, les juges n'hésitèrent pas à lui infliger quatorze ans de fers.

C'était coquet pour un début.

Dans sa chute, il entraînait sa maîtresse d'alors la fille Lorda, considérée comme sa complice.

Cette malheureuse, qu'il avait débauchée, devait finir ses jours à Saint-Lazare! Nous aurons l'occasion d'évoquer son souvenir vers la fin de cette histoire.

Coignard avait-il été marié antérieurement?

C'est probable, c'est même certain, mais

ce qui l'est moins, c'est la date de ses justes noces. Son frère Alexandre affirme, en effet, dans ses révélations, qu'il « épousa en 1792 une femme fort honnête et d'excellente famille dont il eut un fils ». Or, si Pierre était né en 1779, comme certains le prétendent, il aurait eu 13 ans à l'époque de son mariage! Il est permis d'être précoce, mais, vraiment, la précocité aussi a des limites. De ces deux dates, c'est celle qui marque la naissance qui n'est pas exacte à notre avis.

Bien entendu, à l'époque de son arrestation, Pierre avait abandonné depuis longtemps déjà femme et enfant légitimes; la ligne de conduite toute droite n'était en effet point son affaire.

Sa maîtresse, la pauvre Lorda, ne fut pas d'ailleurs la seule femme qu'il ait entraînée dans sa chute; une autre malheureuse fut inculpée de complicité et condamnée à la réclusion par le même arrêt.

La victime du vol était l'amie de sa maîtresse et c'est grâce à ces relations qu'il put préparer avec Leloire le coup de l'hôtel de Bordeaux, qui devait le conduire au bagne de Toulon.

*
* *

Le bagne de Toulon! Lorsqu'il y arriva en 1801, Pierre ne pouvait prévoir qu'il y retournerait trente-trois ans plus tard après avoir occupé des postes importants sous deux régimes différents, en France et à l'étranger !

A ce moment-là, il ne devait songer qu'aux moyens employés par son frère Louis pour s'échapper des fers. Car Louis avait déjà connu, au bagne de Rochefort, les douceurs de la chaîne, et, quelque temps après, les joies de l'évasion.

Cette idée de fuite hantait Pierre d'autant plus vivement que son cadet Louis n'avait pas été repris par la justice après sa rupture de ban. Il est vrai que, prudemment, Louis s'était engagé dans les grenadiers de la Convention, sous le prénom de son aîné, et, s'il y était resté, au lieu de se lancer dans de nouveaux exploits, il n'aurait pas encouru une nouvelle condamnation aux galères, toujours sous son nom d'emprunt!

Ajoutons que Louis réussit à s'échapper de Brest comme il l'avait fait de Rochefort; mais, cette fois, il résolut, afin d'être plus en sûreté, de gagner l'Espagne, après un court séjour au pays natal, où le maire de Langeais lui délivra un passeport sous le nom de Charles Cardon.

Et Pierre songeait qu'il pourrait faire de même s'il parvenait à brûler la politesse aux argousins...

Il y parvint en 1805, le 27 juillet.

Comment ?

La chose était relativement facile pour les condamnés à temps attachés à la « simple chaîne ».

Il ne se passait pas de mois sans que quelque forçat ne recouvrât sa liberté.

Tous participaient au départ d'un seul et ceux qui restaient avaient l'espoir d'être un jour celui-là.

Quant au fuyard échappé du bagne, il ne devait jamais abandonner ses anciens camarades ! *Remember* semblait être la loi dans ce sinistre milieu.

« L'heureux partant » qui s'était débarrassé de la chaîne à l'heure convenue — pendant un moment de relâchement dans la surveillance — savait quelle retraite gagner pour y trouver, vêtements, armes, provisions, cartes, pécule, etc.

Et cette retraite, connue des seuls membres de cette confrérie d'un genre spécial, était placée suffisamment près du chantier des forçats pour que le fuyard pût la gagner, sans être aperçu des sentinelles qui n'auraient pas manquer sans cela de saluer son départ d'une salve bien nourrie et probablement meurtrière,

*
* *

Or, le 27 juillet 1805, Pierre Coignard fut le « bienheureux du jour ».

Ayant échappé à toutes recherches, il se décida à gagner l'Espagne pour y faire peau neuve.

Et comme le nom de Pierre Coignard restait déshonoré par la fiche d'immatriculation (1) du bagne de Toulon, il résolut de changer d'état civil.

Pierre Coignard était mort.

De Pontis, comte de Sainte-Hélène, lui succédait.

(1) **Extrait** des Registres du bagne de Toulon (an IX).

« Coignard, Pierre, dit Pierre-Alexandre, fils de Pierre et d'Anne Velouse, marié à Délaïde Lordot, ex-secrétaire des vivres de l'armée de l'Ouest et maître en fait d'armes,

« Né à Langeais, département de l'Indre, âgé de 31 ans, taille de 1 m. 71, cheveux châtains, sourcils idem, barbe idem, front grand, les yeux gris, nez long et aquilin, bouche moyenne, la lèvre inférieure épaisse, le menton pointu.

« Condamné à Paris le 26 Vendémiaire an 9, par jugement du Tribunal Criminel du Département de la Seine, pour vol commis de nuit dans des maisons habitées à l'aide d'effraction et de fausses clefs, à 14 ans de fers.

« Évadé le 9 Thermidor an 13. »

Note des auteurs. — Cette fiche d'immatriculation faisait naître Pierre en 1770 et lui donnait pour femme une certaine Lordot dont le nom ressemblait singulièrement à celui de sa maîtresse arrêtée en même temps que lui en 1801. Ces fiches n'avaient certes pas la précision des notes anthropométriques d'aujourd'hui. Nous aurons d'ailleurs l'occasion de revenir plus tard sur les erreurs qui pouvaient en altérer la valeur.

DEUXIÈME PARTIE

LE COMTE DE SAINTE-HÉLÈNE

CHAPITRE PREMIER

RÊVES D'AVENIR

Comment Pierre Coignard gagna-t-il l'Espagne?

À l'exemple de son frère Louis, par le Midi de la France, mais sans repasser par le bourg de Langeais.

Il n'eut donc pas la chance de son cadet à qui le maire de la commune avait remis un faux passeport pour franchir la frontière.

Néanmoins, il put rejoindre Saragosse assez rapidement et sans trop de difficultés.

Mais dès qu'il eut mis le pied sur la terre étrangère il ne fut pas reçu par une délicieuse créature à l'œil noir et langoureux comme beaucoup d'auteurs le supposent. Il n'y avait pas encore de Rosa Marcen dans la vie de l'aventurier, puisque, de son propre aveu, il ne devait faire connaissance de cette jolie personne qu'à la fin de 1813 ou au commencement de 1814. Inexistante donc la belle idylle du début tirée de la légende de MM. Alboize et Maquet dans les *Prisons de l'Europe*. La réalité est tout autre et dénuée de poésie; mais pas exempte de rêves d'avenir.

Des horizons nouveaux s'ouvraient, en effet, à Pierre dans cette Espagne alors en proie à l'anarchie.

Le roi Charles IV et son fils Ferdinand, prince des Asturies, vivaient désunis. Le véritable maître du royaume était Manuel Godoï, ministre d'intelligence médiocre, mais intrigant, et favori de la reine, qui travaillait sournoisement à éloigner des affaires l'héritier du trône. De son côté, le prince des Asturies, chef d'un parti d'opposition, cherchait à ruiner Godoï dans l'esprit de son père. Chacune des deux factions prétendait à l'appui de Napoléon, dont les armes étaient unies à celles de l'Espagne dans la bonne et dans la mauvaise fortune, sur mer ou sur terre, à Trafalgar comme au Portugal.

Tout le monde connaît la façon dont l'Empereur sut tirer parti de la situation pour le plus grand profit de sa politique personnelle.

Les premières divisions françaises, commandées par le général Duchesne, opérèrent justement en Catalogne où se trouvait le

frère de Pierre Coignard. C'est dans cette
même province que l'insurrection éclata,
lorsque les Espagnols refusèrent de reconnaître Joseph Bonaparte comme leur souverain légitime. Alors commença la véritable
guerre qui, malheureusement pour la France,
devait se terminer six ans plus tard, en 1814,
sur son propre territoire.

C'était donc le champ d'action rêvé pour
un aventurier de la taille de Pierre Coignard.
De plus, la configuration du sol espagnol rendait impossible l'unité de commandement et
d'action; elle ne permettait que des opérations isolées dans chaque province, favorisait
la lutte de partisans, ces « juntes » et ces
« guérillas » dont les troupes françaises
eurent tant à souffrir.

Or, Pierre était préparé à ces luttes. Il
avait fait son apprentissage en Bretagne et
en Vendée, pendant la Chouannerie, il était
l'homme de ce genre de combat, qui offre
aux pillards des facilités spéciales pour pêcher en eau trouble. Aussi s'engagea-t-il sans
plus tarder, tantôt dans un corps de factieux, tantôt dans un autre, sous l'appellation de « de Pontis », qu'il avait choisie
sans doute, par une réminiscence du temps
où chez le comte de Montausier il avait
entendu prononcer ce nom.

Rosa Marcen n'était donc pour rien dans

la noble origine que l'aventurier s'attribuait si généreusement.

Par contre, il est possible que le titre de comte de Sainte-Hélène n'ait été ajouté au nom de « Pontis » que beaucoup plus tard, par l'intéressé lui-même.

Cette adjonction s'est-elle faite après la liaison de Pierre Coignard avec Rosa Marcen? C'est possible; mais cela ne prouve pas que Rosa ait été au service d'un émigré du nom de Sainte-Hélène, encore moins qu'elle lui ait dérobé quelques papiers de famille, comme il est dit dans la légende.

D'ailleurs, il n'existe aucun acte authentiquant le nouvel état civil adopté par l'ancien forçat.

Enfin, en 1818, devant la Cour d'assises de la Seine, au cours de débats dont nous parlerons longuement plus loin, il n'a pas été possible à l'accusé de fournir la moindre précision sur ses soi-disant ancêtres. Nous le verrons ergoter, changer le commencement ou la fin d'un nom pour égarer l'accusation, narrer en termes vagues les faits et gestes de son père, en quelques histoires dont son imagination seule faisait les frais; nous ne le verrons jamais, et pour cause, apporter à la justice, sur cette importante question, un témoignage vérifiable.

Les archives du Ministère de la Police

L'ANCIENNE PRÉFECTURE DE POLICE
(Vue du Quai des Orfèvres)

Générale ont été fouillées sans résultat :
il n'existait pas de famille Pontis de Sainte-
Hélène au moment de la Révolution ! Et
Pierre Coignard le savait bien, ayant entendu
parler chez les Montausier de vrais « de
Pontis » connus dans l'armorial de Bourgogne
et dans celui du Poitou, notamment, mais
aucune des familles de ce nom n'avait droit
au titre adopté par l'aventurier et le fief
correspondant était peut-être bien... en Espagne !

Quoi qu'il en soit, en 1813, les états de
service de Pierre figuraient à son dossier
militaire français sous le nom « d'André-
Pierre de Pontis » et ceux de 1814 sous celui
beaucoup plus long « d'André-P erre de
Pontis, comte de Sainte-Hélène ». En Espagne, l'état d'officier qu'il s'attribua —
nous verrons comment — sur les registres
matricules du ministère de la Guerre de ce
royaume, devait dater de 1808. Il était
rapporté au nom d'André de Pontis. C'était
pour lui sa première consécration officielle.

CHAPITRE II

LA MAISON CARDON

Lorsque Pierre rejoignit son frère Louis à Barcelone, Louis exerçait, sous le nom de Charles Cardon, la profession de sellier.

Les deux Coignard n'étaient pas sans amis : ils avaient su grouper autour d'eux quelques échappés des galères de France et d'Espagne. Mais une telle association ne pouvait rien entreprendre ni prospérer sans un pavillon qui couvrît la marchandise.

Pierre jouissait bien du crédit qui s'attachait à son nouveau nom de « Pontis », mais il lui manquait le receleur capable d'écouler clandestinement le fruit de ses rapines. Aussi résolut-il de créer d'abord une filiale à façade respectable.

Le faux Cardon fut promu patron sellier. Quelques vols fournirent le capital de la

maison qui s'ouvrit au coin de la rue de la
Rampe, à Barcelone.

Sous l'honnête enseigne de la sellerie, se
tint le quartier général de la bande.

C'était là que se donnait le mot d'ordre
pour les expéditions nocturnes.

C'était là que s'entreposaient les mar-
chandises dérobées.

On pense bien que de Pontis se gardait de
faire connaître ses relations avec les habitués
de la rue de la Rampe.

Il n'avait de commerce avec Cardon qu'à
titre de Français, ce qui paraissait tout
naturel à l'étranger, et la ressemblance
même des deux compatriotes ne pouvait
faire naître aucun soupçon dans l'esprit des
Catalans, étant donnée la différence de leurs
situations avouées.

Tous les membres de « l'Association »
jouissaient d'ailleurs de l'estime générale,
tant leur habileté était grande. Faisant parade de vertu et preuve de dévotion, ils
étaient estimés des moines de la région... et
chacun sait combien la protection des gens
« en robes » pouvait être utile à nos bandits
dans la catholique Espagne.

A l'abri d'aussi puissantes relations, ils
purent ainsi dévaliser tout à leur aise, sans
être soupçonnés, et cela pendant plusieurs
années.

La maison « Cardon » avait si bonne renommée qu'on ne craignait pas d'y causer librement et sans aucune retenue des événements du jour, même lors de l'occupation de Barcelone par les Français... Aussi Louis Coignard résolut-il de se servir des renseignements qu'il recueillait pour documenter son frère, — encore au service de l'Espagne, à ce moment-là, — sur la marche des troupes de l'envahisseur.

Il n'y avait donc pas qu'une sellerie et un repaire de voleurs dans la rue de la Rampe; il y avait aussi une officine d'espionnage, dont Pierre sut tirer parti pour asseoir chaque jour davantage sa situation personnelle dans l'armée royale.

Louis n'eut pas la joie de voir un jour tous les fruits de la prospérité de son frère : il périt au cours de cette guerre « des rues et des bois », si meurtrière pour les troupes de Napoléon, pendant une retraite. Sa veuve, une voleuse « à la détourne », sa digne associée, plus heureuse que lui, put suivre quelque temps encore la fortune de Pierre. Alexandre raconte même qu'elle ne tarda pas à devenir la compagne de l'aventurier. N'était-il pas déjà son beau-frère, après tout? Elle fut d'ailleurs « lâchée » assez rapidement, semble-t-il, car Pierre venait de rencontrer en « Rosa Marcen » la seule femme vraiment digne de lui.

D'ailleurs, les événements les avaient déjà séparés ; beaucoup d'habitants disparurent durant les tueries de Saragosse, et « de Pontis » aima bien vite à penser que la « veuve Cardon » était du nombre. Cette disparition arrangeait singulièrement ses nouvelles affaires avec Rosa Marcen ; aussi l'adopta-t-il, sans tarder.

Nous verrons, par la suite, que la « veuve Cardon » n'était pas morte en Espagne et qu'elle avait transféré en France ses diverses industries. A l'époque du procès, en 1818, nous la retrouverons à Saint-Lazare, où elle purgeait une condamnation de cinq ans de réclusion.

Quoi qu'il en soit, Pierre tenait à fortifier sa nouvelle situation de « lieutenant-colonel » à laquelle ne convenait guère une femme aussi tarée.

Aussi n'hésita-t-il pas à changer « d'associée ».

M. de Pontis était bon psychologue.

CHAPITRE III

LE LIEUTENANT-COLONEL

Observateur intelligent, doué d'une mémoire prodigieuse, Pierre, au cours de ses
voyages en Espagne, avait beaucoup appris!
Il connaissait admirablement l'histoire de
la péninsule. Il en avait vécu les derniers
événements. Il possédait des relations dans
toutes les « juntes », dans tous les corps de
partisans. Le prestige qui entourait la personne de l'émigré de Pontis lui avait ouvert
bien des portes; aussi jugea-t-il le moment
venu de régulariser sa situation militaire.

Après s'être renseigné sur les archives du
ministère de la Guerre, il s'introduisit furtivement dans les bureaux de la chancellerie.
Muni de fausses clefs, il enleva un registre
matricule, le porta chez lui, choisit un folio,
lava le nom d'un officier et mit à sa place le

nom d'André de Pontis. Il effaça de la même façon les états de service dudit officier et inscrivit sur la page ceux qui lui convenaient. C'est ainsi qu'il se créa successivement capitaine, lieutenant-colonel, chevalier de l'Ordre d'Alcantara, etc., etc. Il fit l'inventaire des cicatrices qu'il portait sur le corps, cicatrices qui n'avaient cependant rien de glorieux, et les mentionna dans son signalement comme autant de blessures reçues au cours des affaires où son régiment avait été engagé... et ce régiment même n'avait pas été pris au hasard par le faussaire : celui qu'il avait choisi tenait garnison depuis de longues années au delà des mers, en Amérique du Sud. Puis il se plaça en disponibilité.

L'inscription terminée, il s'ingénia à vieillir l'encre, par un procédé connu de tous les malfaiteurs, et remit le registre à sa place avant qu'on ait pu s'apercevoir de sa disparition.

A quelque temps de là, il se présenta au Ministère et déclara qu'il désirait reprendre du service en raison de la gravité des événements. Ayant toujours soutenu la cause royale, il désirait défendre encore le principe de la légitimité, en péril à cette heure-là, en Espagne.

Son offre fut acceptée avec empressement.

On chercha sur les registres matricules et

l'on vit que M. de Pontis était un officier des plus distingués. Dès lors, on lui donna un brevet et le commandement d'un régiment étranger.

L'émigré allait pouvoir tailler des croupières aux troupes de « l'usurpateur ».

* *

Pierre fit la campagne en militaire brave et capable.

L'ancien Chouan savait ce qu'on pouvait attendre d'une guerre d'embuscades.

L'ancien contrebandier, le voleur endurci, connaissait tous les sentiers et toutes les passes difficiles du nord et du sud de l'Espagne : la lutte en montagne n'était pas au-dessus de ses forces.

Avec cela, scrupuleux dans le service, aimé de ses hommes, intègre dans l'administration de son unité, chatouilleux sur le point d'honneur, cavalier parfait, adroit dans le maniement des armes — son ancien métier... Cela suffisait pour que l'ancien forçat eût les dehors d'un chef et tînt convenablement sa place dans des opérations où la vaillance était la qualité maîtresse du commandement.

Malheureusement pour Pierre, le « vieil homme » n'était pas entièrement dépouillé.

Derrière le lieutenant-colonel perçait le malfaiteur, qui ne pouvait se résigner à disparaître. Et la vie, en partie double, continua de plus belle! D'ailleurs, il n'avait pas cessé tout commerce avec ses anciens amis — commerce clandestin, il est vrai — mais qui lui permettait néanmoins de profiter des belles occasions qui s'offraient à lui et de faire exécuter les beaux coups que sa nouvelle situation lui permettait d'entrevoir.

Dans son régiment étranger, parmi ses Wallons, il avait réussi à faire engager Soffiet, Grinaldi, Defreta, Octave Trammecin, tous forçats évadés, membres de l' « Association » des bandits de la rue de la Rampe à Barcelone.

Tout en se gardant de les distinguer de la troupe ou de leur accorder la moindre faveur qui pût sembler suspecte, le colonel les avait toujours à ses côtés et les dirigeait nuitamment dans quelques affaires fructueuses qui ne figuraient pas sur les ordres d'opérations communiqués au régiment.

Si, par hasard, il arrivait malheur en chemin à quelques-uns de ces pillards, Pierre, tout en les flétrissant publiquement, tout en les punissant sévèrement pour la bonne renommée de sa troupe... trouvait moyen de les sauver de la prison et du châtiment suprême. Il allait jusqu'à les faire évader en leur ouvrant les portes des cachots lui-même — avec de fausses clefs — sans être vu des sentinelles. Pouvait-on d'ailleurs se méfier du colonel?

Que de perquisitions furent faites chez de riches « civils », sous le fallacieux prétexte d'y découvrir les partisans des Français, en réalité, pour satisfaire l'amour du pillage qui possédait Pierre et sa bande à un si haut degré.

Que de trésors, que de bijoux prirent le chemin de la sellerie du faux Cardon, chargé d'écouler le produit de ces expéditions! Rien n'échappait à la recherche des chenapans, rien n'était respecté par eux, sauf toutefois les objets bénits ou les vases sacrés, qu'ils ne touchaient que les mains recouvertes d'un linge, par vénération pour la religion catholique.

Sous le couvert d'une telle dévotion, ils donnaient le change aux pieux Espagnols, qui, rassurés par leurs gestes onctueux, les laissaient perquisitionner à leur aise... sans se douter de ce qui les attendait.

* *

Et les supérieurs du colonel eux-mêmes tenaient Pierre en haute considération. Grâce aux espions de la rue de la Rampe, ce dernier était en mesure de fournir à l'état-major espagnol des renseignements précis sur l'ennemi! Il ne craignait pas d'en vérifier lui-même l'exactitude en pénétrant dans la place investie sous l'uniforme de colonel... d'un régiment de la garnison! Cette audace faillit, d'ailleurs, lui coûter fort cher, et, sans sa légendaire présence d'esprit, il eût été fusillé vingt fois! Dans sa grande hardiesse, il avait été jusqu'à promettre au commandement d'introduire nuitamment sa troupe par une poterne connue de lui et d'égorger les soldats français. Trahi par un de ses affidés, pour quelque somme d'argent, il échoua (fort heureusement) dans son entreprise! Et c'est là un des plus tristes côtés de la figure de notre bandit que de songer qu'il eût pu ainsi faire tuer lâchement quantité de ses compatriotes... sans qu'aucun souvenir d'enfance soit venu réveiller ses sentiments patriotiques! Il est vrai que tout était mort chez lui! De même qu'il avait renié ses serments d'amour, il n'hésitait pas à renier une fois de plus son drapeau... en attendant que l'intérêt le poussât à se ranger à nouveau sous ses plis.

Cette entreprise criminelle, bien qu'ayant échoué, valut à de Pontis les bonnes grâces et les faveurs du général O'Donnell qui commandait l'armée chargée d'opérer autour de Barcelone.

Pierre résolut de profiter incontinent de ces bonnes dispositions à son égard — afin d'asseoir sa nouvelle fortune.

Il remit au général plusieurs pièces fausses relatant des services imaginaires, sous le vague prétexte de quelques réclamations de peu d'importance, et selon la bonne habitude militaire, il en tira un récépissé détaillé, muni de cachets authentiques. Puis il s'arrangea de manière à ressaisir immédiatement et clandestinement les pièces déposées — à l'aide de fausses clefs. Dès qu'il put rentrer en possession desdits papiers, il les anéantit afin de faire disparaître toute trace de sa supercherie. Il ne conserva que le récépissé, qui mentionnait officiellement les faits exposés tout au long dans les originaux détruits. Il ne lui en fallait pas plus pour consolider son édifice militaire.

Mais bien que protégé par le général O'Donnell, qui entretenait avec lui une correspondance tout amicale, Pierre connut quelques heures douloureuses dans l'armée espagnole. Malgré son adresse il ne put cacher toutes les expéditions nocturnes de sa bande; on suspecta ses manœuvres, il se trouva compromis... et tant va la cruche à l'eau qu'à la fin elle casse : Pontis en fit la dure expérience, car il fut finalement incarcéré. Et comme la loi militaire n'est pas tendre pour les pillards, malgré sa haute situation et ses brillants faits d'armes, le lieutenant-colonel allait être fusillé (1)...

Il fut heureusement pour lui délivré par les membres de « l'Association » reconnaissants : un service n'en vaut-il pas un autre ? Mais Pierre jugea prudent néanmoins de changer de camp au plus tôt. Il revint au drapeau français !

Comment fut-il accueilli par ses anciens compatriotes ? Mieux qu'on ne pourrait le supposer en songeant d'une part à l'uniforme qu'il portait encore et d'autre part au récépissé qui lui tenait lieu de pièce d'identité, preuves vivantes de sa trahison envers notre pays. Mais Pierre sut présenter les faits à son avantage : l'émigré sut insister sur les services qu'il avait rendus à l'Espagne dans sa guerre contre l'Angleterre au delà des mers, contre le Portugal sur terre, contre les factieux à l'intérieur et sut se taire fort à propos sur la lutte entreprise contre Joseph Bonaparte, lutte à laquelle il participa de toutes ses forces, notamment devant Barcelone. Tout au contraire, il finit par convaincre son entourage qu'il désertait la cause

____

(1) *Note des auteurs.* — M. Mongin, dans son livre sur *le Bagne de Toulon,* donne une explication autre de l'arrestation de M. de Pontis. Il laisse supposer qu'elle eut lieu après une sédition militaire réduite par le général de Wimfen. Nous ne partageons pas cette opinion.

du roi Charles IV et du prince Ferdinand, pour ne pas porter les armes contre son propre pays. Comment voulez-vous alors qu'il n'eût pas été bien reçu par l'état-major du maréchal Soult?

C'était, en effet, une précieuse recrue, qui connaissait à fond la langue, le pays, les forces de l'ennemi... et comme il était matériellement impossible de vérifier ses dires, on ne pouvait mieux faire que d'accepter ses services. C'est ce qu'on fit. Au surplus, il se conduisit merveilleusement au feu là, comme ailleurs. Malheureusement pour lui, il fut fait prisonnier au cours d'une affaire particulièrement chaude et envoyé dans l'île de Majorque.

* * *

La situation était critique pour l'aventurier! Reconnu par les Espagnols, il était certain d'être passé par les armes. Aussi résolut-il de s'évader à tout prix. L'entreprise était audacieuse! les moyens lui faisaient défaut! Majorque n'était pas Toulon... et, pour gagner la terre ferme, il fallait non seulement tromper la surveillance des sentinelles, mais encore trouver une barque et ne pas se laisser arrêter par l'escadre ennemie.

Pierre y réussit... Avec l'aide de six autres prisonniers de guerre, il parvint à surprendre l'équipage d'un petit bateau anglais ancré sur la côte de Palmas. On se débarrassa des matelots, on s'empara du voilier, qui, poussé par les vents contraires, aborda aux côtes de « Barbarie ». Pierre débarqua à Alger après cinq jours de navigation et de grands périls.

Le consul de France — à qui de Pontis se présenta ainsi que ses compagnons d'évasion — fit embarquer les hardis soldats sur le corsaire *l'Uranie* qui les laissa à Malaga.

Amenés au général Maransin qui commandait le corps d'occupation en cette région, ils furent dirigés sur Séville et répartis dans les différentes unités de l'endroit. Quant à Pierre « officier sans troupe », en mission spéciale, il fut mis à la disposition du ministre de la Guerre qui, sur rapport favorable du maréchal Soult, duc de Dalmatie, l'admit au service de Sa Majesté l'Empereur des Français en qualité de chef de bataillon.

Affecté à la brigade du général Paris, de Pontis se retrouva bientôt devant Saragosse !

L'aventurier était « béni des Dieux »... et, en particulier, de Mercure lui-même, puisqu'aux alentours de cette ville, si riche de souvenirs pour lui, Pierre allait retrouver ses anciens compagnons de vol et de rapine,

Soffiet et Trammecin notamment! Il allait
réussir à les conserver près de lui et Soffiet
« alias Félix Soldera » allait même devenir
garde-magasin des vivres dans l'armée française... La fortune revenait. C'était le moment d'en profiter. Aussi de Pontis se fit-il
établir immédiatement les états de services
qu'on trouvera ci-contre (1).

Le bureau du personnel au quartier général du maréchal Soult ne s'était pas mis en
peine de renseignements pour établir le
dossier du chef de bataillon de Pontis. Il
paraît bien s'être contenté des dires de l'intéressé lui-même, quant au lieu de naissance,
à l'état civil et à la parenté tout au moins.
Pour le reste, il s'est manifestement inspiré
du récépissé en la possession de Pierre et du
rapport de notre consul à Alger... Pour la
décharge des bureaux, ajoutons que l'heure
n'était pas aux papiers, car la retraite commençait. Après le désastre de Vittoria, les
troupes de Napoléon gagnèrent péniblement
les Pyrénées. Pierre et ses affidés étaient du
nombre, mais M. de Pontis n'abandonnait
pas la terre ibérique, qui lui fut, somme toute,
assez hospitalière, sans emporter avec lui
un souvenir vivant de son passage dans la
péninsule, en la personne de Rosa Marcen,
dont la chaude beauté devait lui rappeler sans
cesse la richesse de coloris du ciel espagnol.

L'ANCIENNE PRÉFECTURE DE POLICE

(Rue de Jérusalem)

ÉTAT DES SERVICES ET CAMPAGNES de M. André Pierre DE PONTIS,

Chef de Bataillon, né le 29 Novembre 1774 à Châtillon-sur-Sèvre, Département des Deux-Sèvres.

DATE DE L'ENTRÉE	PROMOTIONS	SERVICES ans	mois	jours	ACTIONS ET CAMPAGNES	OBSERVATIONS
Entré au service dans le régiment de Buenos - Ayres en qualité de sous-lieutenant.	Sous-lieutenant 26 avril 1790.	4	»	»	A fait les campagnes en Amérique sous les ordres de S. Ex. le marquis de Solere Mentès et comte de Lignères des années 1790 - 1791 - 1792 - 1793 - 1794 - 1795 - 1796 - 1797 - 1798 - 1799 - 1800 - 1801 - 1802 - 1803 - 1804 - 1805 - 1806 - 1807 - 1808 - 1809 - 1810. 1811 - 1812 à l'armée du Midi. 1813 à l'armée d'Aragon.	Au service d'Espagne chaque année en Amérique compte pour deux campagnes. Étant parent de S. Ex. le Vice-Roi, comte de Lignère, il ne peut éviter d'être enveloppé dans sa disgrâce; il fut en conséquence embarqué à Montevideo le 15 mars 1810 sur le navire *le Saint-Christ de Grâce* et passé à l'Ile de Majorque. Ayant eu connaissance de ce qui se passait en Espagne et du décret de S. M. Joseph Napoléon 1er qui enjoignait à tous les officiers de passer à son service, il détermina six prisonniers de guerre à l'aider à surprendre l'équipage d'une petite barque anglaise qui était à l'ancre sur la côte de Palma. S'en étant rendu maître, il fit
	Lieutenant 12 mai 1794.	6	1	13		
	Capitaine 25 juin 1800.	6	3	2		mettre à la voile. Ayant été poussé par les vents sur la côte de Barbarie, il débarqua à Alger le 15 novembre 1811.
	Lieutenant Colonel 26 septembre 1806.	7	»	2	Le 27 juillet 1804, ayant 500 hommes sous ses ordres, il se battit contre 700 Anglais, les fit battre en retraite et leur fit 80 prisonniers. Le 26 septembre 1805, commandant une colonne, il fit mettre bas les armes à 1 500 Anglais qui s'étaient emparés du quartier de l'Eglise de Saint-Domingue à Buenos-Ayres.	Après cinq jours de navigation et de grands périls, il se présenta à M. Dubois-Tinville, consul de France qui, après avoir entendu sa déclaration appuyée de ses brevets et autres papiers authentiques et du témoignage de différentes personnes le fit embarquer sur le corsaire *l'Uranie* qui passait à Malaga où il arriva le 12 décembre de la même année; il se présenta à M. le général gouverneur, baron Maransin, qui le dirigea sur Séville où il reçut l'ordre de S. Ex. le Maréchal, duc de Dalmatie, de passer à Saragosse sous le commandement de M. le colonel Bouligni. S'étant
	TOTAUX..	23	4	17		trouvé avec M. le général Paris dans toutes les affaires qui ont eu lieu devant Saragosse aussi bien que dans la retraite dans le mois de juillet dernier, il est rentré en France avec le dit général et il a été attaché à son Etat-Major par ordre de S. Ex. le général en chef de Dalmatie.

Vu et certifié,
l'adjudant-commandant,
Chef de l'Etat-Major.
Signé : VINANCE.

Vu et certifié par nous
Commissaire des guerres faisant
fonctions de sous-inspecteur aux Revues.
Signé : Illisible.
Saint-Palais, le 22 décembre 1813.
Signé : DE PONTIS.

CHAPITRE IV

ROSA MARCEN

Elle était née à Saragosse.

Son père était tailleur — et non cultivateur comme il est dit au Recueil des *Causes célèbres.*

C'est tout ce qu'on connaît de sa famille... c'est bien peu véritablement; mais cette pénurie de renseignements n'est pas invraisemblable, car, après les événements de 1809, beaucoup de familles furent dispersées, et beaucoup d'Espagnols restèrent sans nouvelles de leurs parents. Le terrible siège de la ville natale de Rosa avait coûté la vie à 50.000 de ses compatriotes, les archives avaient été détruites par l'incendie et les orphelins étaient abandonnés à la charité publique.

Rosa Marcen fut-elle, dans sa prime adolescence, au service d'un émigré français du nom de Sainte-Hélène? Personne n'a pu le prouver, et nous avons déjà dit ce que nous pensions de cette légende pour n'être pas obligé d'y revenir ici. Mais il est bien possible, ou vraisemblable, que Rosa dut vivre dans l'entourage de gens « bien nés » où elle acquit ce vernis qui lui permit de porter plus tard, sans se faire trop remarquer, aux côtés de Pierre, le titre de comtesse de Sainte-Hélène.

Tout comme l'ancien intendant des Montausier, sa dame de compagnie sut prendre le « ton », le « grand air » et les « belles manières » en usage dans la haute société de l'époque. Cela devait également lui servir.

*
* *

A quel moment fit-elle la connaissance de l'aventurier? Certainement après le siège de Saragosse, après la disparition de la veuve Cardon, qui avait laissé une fille en bas âge à la charge de Pierre. Selon Coignard, les premières rencontres datèrent de fin 1813. Pour une fois, le faussaire doit dire la vérité : le début de l'idylle se place quelque temps avant l'évacuation de l'Espagne par les Français. Rosa Marcen suivit-elle tout de suite « de Pontis » pendant la retraite à travers les Pyrénées? Nous ne le croyons pas!... car Pierre vivait en célibataire dans les différentes garnisons tenues par son régiment — le 100ᵉ de ligne — pendant la campagne de France.

Rosa ne devait le rejoindre qu'après l'abdication de Napoléon.

Notons en passant que la chute de l'Empereur arrivait fort à propos pour de Pontis, car l'écho des sinistres exploits de Soffiet et de Trammecin, dans Toulouse, — où se trouvaient l'état-major, quelques corps et services de l'ancienne armée d'Espagne — auraient fort bien pu venir jusqu'aux oreilles des représentants de l'autorité et compromettre une fois de plus, fort gravement, le chef de bataillon. Cette crainte était d'autant plus fondée que Soffiet, d'origine piémontaise, échappé du bagne de Tarragone, tour à tour déserteur espagnol et déserteur français, ne lâchait pas l'aventurier et vivait dans son ombre. Nous l'avons vu opérer dans Saragosse, nous le suivons dans le Midi, nous le retrouverons plus tard dans Paris.

Quant à l'Italien Trammecin, ex-forçat à Rochefort, ancien capitaine espagnol, sous le nom de Louis Fleury, fuyard tantôt d'une armée, tantôt de l'autre, il ne suivit pas au delà de Toulouse la fortune de M. de Pontis... Heureusement pour ce dernier d'ailleurs, car la société de ces malfaiteurs ne valait pas la compagnie de Rosa Marcen, et Pierre ne devait pas perdre au change.

*
* *

Avec Rosa Marcen c'était en effet la course aux honneurs qui devenait possible. Lors de son union avec le comte de Sainte-Hélène, elle avait ajouté à son nom celui de « Marie de Suera », et, lorsqu'elle retrouvera Pierre à Paris, pendant la première Restauration, elle se fera passer pour la veuve d'un colonel espagnol apparenté aux meilleures familles de la péninsule, notamment au vice-roi de Malaga.

Elle eut, dès le début de ses relations avec le chef de bataillon, devenu lieutenant-colonel, un fils (1) que le hasard des garnisons

(1)

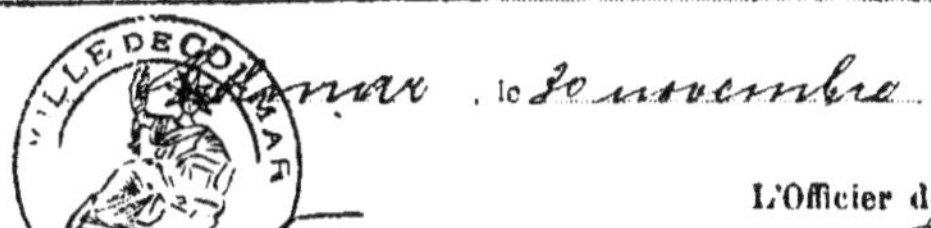

Registre des naissances : 815.
N° 215.

CERTIFICAT DE NAISSANCE.

Prénom et nom : *Pierre Jean de Fresto,*

Date et lieu de la naissance : *vingt-deux mai mil huit cent quinze à Colmar, Haut-Rhin,*

Prénom et nom, état ou profession du père : *Pierre de Fontès, comte de Saint-Hélène, lieutenant-colonel,*

Prénom et nom de la mère : *Rosa Marie Marcen de Suera,*

Colmar, le 30 novembre.

L'Officier de l'État Civil :

fit naître à Colmar, pendant les Cent-Jours.

Nous aurons l'occasion de revenir sur la descendance du couple célèbre.

*
* *

...Et ce couple ne fut pas seulement célèbre par ses exploits, il le fut également par sa beauté : Rosa, avec son type spécial de méditerranéenne, avec son regard à la fois « fier et langoureux », fut le digne pendant du superbe cavalier qu'était Pierre de Pontis.

Celui-ci montrait une figure distinguée, des yeux audacieux, un nez droit et proéminent, des cheveux noirs, une démarche dégagée, une allure tantôt hautaine, tantôt souple et insinuante, des goûts fastueux. Il avait de quoi être aimé des femmes — bien qu'il les battît.

La liste assez longue de ses amours, tant légitimes qu'illégitimes, nous confirme, d'ailleurs, dans cette opinion! Mais il est juste d'ajouter qu'il revint plus tard à Rosa Marcen, et lui demeura fidèle. Le couple s'aimait réellement. L'avenir va nous le prouver.

CHAPITRE V

LE SERVITEUR DE LOUIS XVIII

De Pontis n'avait pas été licencié au lendemain de l'abdication de Fontainebleau. Il suivit le sort de son régiment, et, à l'époque du retour de l'île d'Elbe, nous le trouvons à Colmar où son fils est né quelques jours avant Waterloo.

Fut-il engagé dans cette bataille (1)? C'est probable; mais dès qu'il vit la fortune abandonner Napoléon, il se hâta de rejoindre le roi à Gand, laissant à d'autres le soin de ramener en France le 100ᵉ de ligne.

Dans sa fuite, il fut même blessé par les coups de feu des douaniers belges qui n'épargnaient pas les fuyards.

---

(1) *Note des auteurs.* — M. Mongin affirme qu'il y fut même blessé. Nous ne le croyons pas. (Voir *le Bagne de Toulon.*)

Il tira, comme on peut penser, tout le profit possible de cette heureuse blessure auprès des fidèles qui escortaient Louis XVIII. Plus tard, il put se targuer d'avoir fait partie du petit clan des braves et loyaux serviteurs du souverain légitime qui n'avaient pas craint de tout abandonner en France pour suivre la fortune du roi chassé par l'usurpateur.

...Et cela comptait en ces temps-là.

Chateaubriand l'a dit : « Plus d'un qui n'avait pas quitté la capitale en appelait constamment à ses souvenirs de Gand. »

Cela comptait d'autant mieux pour Pierre, qu'il n'avait pas négligé de faire constater sa présence à l'étranger auprès du roi, par une pièce officielle (1) dont il espérait se

(1) Voici ce document :

Armée Royale.

Officier sans troupe.

« Nous, Maréchal de camp des Armées du Roi, Vicomte de Clugny, Chevalier de l'Ordre Royal et militaire de Saint-Louis et de celui de Malte, commandant le corps de MM. les Officiers sans troupe à Paris.

« Certifions que M. André-Pierre de Pontis, Comte de Sainte-Hélène, Chevalier de l'Ordre royal et militaire d'Alcantara et de la Légion d'honneur, chef de bataillon, est au nombre des officiers au service du Roi Louis XVIII, notre très auguste et très légitime souverain, que la fidélité, l'honneur et le devoir de leur conscience a réunis auprès de Sa Majesté ; qu'il a rejoint le dit corps en Belgique à Termonde et y a servi avec zèle et distinction jusqu'à ce jour, et qu'il s'est constamment comporté en brave et loyal

LETTRE DU COMTE DE SAINTE

servir pour fortifier sa position auprès du nouveau pouvoir.

Il songea tout d'abord qu'il pourrait être appelé à fournir des actes d'état civil pour la constitution de son dossier au ministère de la Guerre... et il pensa à se faire établir un acte de baptême au nom d'André-Pierre de Pontis, fils de Pierre de Pontis, comte de Sainte-Hélène, et de demoiselle de Linière d'Aubusson de la Feuillade... tout simplement!

Mais où s'adresser?

En Bourgogne, en Poitou, en Vendée ou en Limousin? Les noms d'emprunt avaient bien quelques paronymes dans l'une ou dans l'autre de ces provinces... mais sur quel pays exactement allait-il fixer son choix?

A tout hasard, il s'adressa au maire de Saint-Pierre-du-Chemin, dans la Vendée. Pour quelle raison? Nous ne le savons pas... Tout ce qu'on peut dire, c'est qu'il n'était pas constant dans ses idées puisqu'il avait

défenseur du Trône des Lys, en bon et fidèle serviteur du Roi.

« En foi de quoi, nous lui avons délivré le présent certificat comme un témoignage de sa bonne conduite et de l'estime qu'il mérite.

« Donné à Paris, le 6 septembre 1815.

« Le Maréchal du Camp, Commandant les Officiers sans troupe,

« *Signé :* Vicomte DE CLUGNY. »

indiqué autrefois Châtillon-sur-Sèvre, comme lieu de sa naissance, à l'état-major du maréchal Soult, et qu'aujourd'hui il changeait de département, sans motif bien sérieux, semble-t-il... A moins qu'il n'ait eu foi en la disparition des archives de cette commune pendant la Chouannerie.

Quoi qu'il en soit, Pierre cherche à tromper la religion du brave magistrat municipal.

Il lui offre ses services auprès du roi, des ministres, mettant son crédit à sa disposition à l'effet d'obtenir pour lui la croix de Saint-Louis... tout en le priant de faire toutes recherches nécessaires quant à sa naissance, quant à son acte de baptême.

Mais le maire ne trouve rien. Il en avise l'intéressé qui lui répond — sans se démonter — que les papiers ont sans doute disparu et, par la même occasion, il le prie de bien vouloir lui faire dresser un acte de notoriété.

En tête de ses lettres, Pierre avait mis tous ses titres et qualités... croyant éblouir ainsi le campagnard de la Vendée! Il n'en fut rien, tout au contraire. Le rusé paysan fut mis en défiance, tant par la demande que par l'offre et par le style de l'aventurier et, le 23 juillet 1816, il avisait le préfet de la Vendée de la sollicitation dont il avait été l'objet.

Celui-ci mit le préfet de police au courant

de l'affaire. Ce haut fonctionnaire jugea prudent de prendre quelques renseignements sur le quémandeur, et il écrivit en cès termes au ministre de la Police générale, le 14 août suivant :

Monsieur le Comte,

Un sieur Pontis, chef de bataillon, se disant comte de Sainte-Hélène, et demeurant à Paris, rue du Faubourg-du-Temple, n° 1, a été signalé à mon attention par M. le préfet de la Vendée. Dans une lettre du 23 du mois dernier, ce magistrat me mandait que cet officier en écrivant au maire de Saint-Pierre-du-Chemin, pour le prier de faire des recherches relativement à sa naissance, lui offrait ses services tant à la Cour que chez les ministres et promettait de lui faire avoir la croix de Saint-Louis, etc. Les titres du sieur Pontis, qui prend encore la qualité de chevalier des ordres de Saint-Louis, d'Alcantara d'Espagne et de la Légion d'honneur, sont, dit-on, imprimés à la tête de ses lettres.

Désirant répondre d'une manière détaillée à M. le préfet de la Vendée qui me demande des renseignements sur le sieur Pontis, et pour compléter les recherches dont je m'occupe à ce sujet, je crois devoir prier Votre Excellence de vouloir bien faire vérifier si le nom de cet individu ne figure pas sur les répertoires et registres d'ordre, de l'ancien IIIe arrondissement de la police générale et me donner communication des notes qui pourraient exister sur son compte. J'ai un souvenir confus de m'être occupé du sieur Pontis lorsque j'étais à **la** tête de cet arrondissement.

J'ai l'honneur d'être... etc.

Signé : le Ministre d'État, préfet de police,
Comte ANGLÈS.

P.-S. — M. Delaporte, employé au secrétariat général du ministère de Votre Excellence et qui était autrefois chargé de l'ordre au IIIe arrondissement. pourrait facilement faire ces recherches.

Au reçu de cette lettre, le ministre fit faire une enquête par ses agents.

Trois jours après, la note suivante lui était remise par ses services :

Note. — Le nom du sieur Pontis ne se trouve pas sur les bulletins de l'ancien IIIe arrondissement et il n'existe pas sur les autres bulletins déposés **aux** archives.

M. Delaporte a été consulté. On a cherché à Pontis et Depontis. On n'a rien trouvé. 17 août 1816.

Le lendemain 18, le ministre avisait **son** subordonné, M. le comte Anglès, que les recherches concernant M. de Pontis avaient été infructueuses.

*
* *

La plainte était donc classée.
Néanmoins, l'attention de la Préfecture

de police était dès maintenant attirée sur le comte de Sainte-Hélène, ce qui risquait fort d'être désagréable, dans l'avenir, à l'aventurier.

Mais de Pontis ne s'en doutait pas, et persista dans sa résolution de se créer un état civil certifié par papiers officiels.

Il apprit par hasard que les registres de la ville de Soissons avaient été incendiés au cours de l'invasion étrangère. Il apprit, en outre, qu'à une époque voisine de sa naissance, un accouchement clandestin s'était fait à l'auberge de la Grosse-Tête, dans Soissons.

Il résolut de se servir de ces deux renseignements.

Il alla visiter quelques notables de la ville, fit parade de sa situation à la cour, de ses titres et décorations militaires et leur raconta qu'il était né dans cet endroit même il y avait un peu plus de quarante ans. Il ajouta qu'il avait été fort désappointé en ne trouvant plus trace des registres communaux et qu'il allait être obligé de se faire établir un acte de notoriété. Séduits par les grands airs de l'officier, plusieurs de ses « compatriotes » s'offrirent à lui servir de témoins par-devant notaire. Pierre accepta, prit rendez-vous et à l'issue d'un bon déjeuner offert par lui à ses nouveaux amis, l'acte fut dressé chez Me Morand.

Les convives n'hésitèrent pas à certifier que Mme la comtesse de Sainte-Hélène, se rendant à Bruxelles, avait mis au monde, le 29 novembre 1774, à Soissons, un enfant du sexe masculin... qui devait devenir l'officier supérieur de Pontis, présent à la rédaction de ce certificat.

Naturellement, tous les témoins étaient de bonne foi, à l'exception d'un seul, intéressé à garder le secret qu'il connaissait, Pierre n'avait donc aucune crainte que la supercherie fût dévoilée un jour.

Cet acte de notoriété existait encore dans les minutes de l'étude avant la guerre de 1914... malheureusement les Allemands ont passé par là.

*
* *

Voici donc l'aventurier muni d'un papier officiel. Il n'allait pas tarder à s'en servir pour réclamer des avantages au ministère de la Guerre. Oh! ce n'est pas à dire qu'il n'ait jamais rien sollicité auparavant! Depuis l'abdication de Napoléon, il avait été fait chevalier de la Légion d'honneur le 2 novembre 1814, profitant ainsi d'une des nombreuses promotions royales faites entre le 11 mars et le 19 avril en faveur des émigrés. Puis il avait été affecté à Paris — à son retour de Termonde et de Gand — à la 72ᵉ légion de la Seine... et enfin promu chevalier de l'ordre de Saint-Louis le 16 janvier 1816. Il avait même été question de lui lorsqu'il s'agit de désigner un aide de camp pour le duc d'Angoulême! Le brevet de fidélité délivré par le vicomte de Clugny avait servi à cette occasion.

Mais Pierre n'était pas encore satisfait : il voulait être réintégré dans son grade de lieutenant-colonel.

A cet effet, il écrivit une supplique au ministre, à laquelle il joignit ses états de services (1).

(1) « A Son Excellence Monseigneur le Duc de Feltre, Ministre de la Guerre.

« MONSEIGNEUR,

« M. de Pontis, André-Pierre, Comte de Sainte-Hélène, Chef de bataillon à la Légion de la Seine, a l'honneur de s'adresser à votre Excellence pour réclamer sa justice.

« Ayant été obligé d'émigrer avec son père en 1790, il a depuis cette époque constamment servi en Espagne où il est parvenu au grade de Lieutenant-Colonel qui lui a été conféré par Sa Majesté Charles IV le 26 septembre 1806.

« Lorsqu'il est passé au Service de la France, en 1814, il n'a été fait que chef de bataillon à l'ex-108ᵉ régiment d'infanterie de ligne. Ce grade n'égalant point celui de Lieutenant-Colonel, il a réclamé à Leurs Excellences, Comte Dupont et le Maréchal Soult, sans avoir obtenu l'objet de sa réclamation. Il a eu l'honneur d'en parler à votre Excellence à Cambrai en 1815 venant de Gand ; elle a eu la bonté de l'accueillir favorablement et de lui dire qu'elle s'en ferait rendre compte et qu'elle le ferait réintégrer dans son grade s'il y avait lieu. Il ose d'autant plus

Mais comment ces fameux états avaient-ils été constitués? Oh! c'est bien simple! L'aventurier avait produit au Conseil d'administration de la légion le récépissé qu'il avait rapporté d'Espagne, sa correspondance avec le général O'Donnell, les lettres de félicitations qu'il avait pu obtenir de ses différents chefs depuis son retour à l'armée française... retour qu'il plaçait — pour les besoins de la cause — à la fin de 1813 ou au début de 1814, époque à laquelle il aurait eu connaissance du décret de Sa Majesté Joseph Bonaparte enjoignant à tous les officiers présents en Espagne de passer à son service.

Bien entendu, de Pontis passait sous silence le témoignage du consul de France à Alger. Il avouait bien avoir séjourné quelque temps à l'île Majorque, mais c'était, disait-il,

l'espérer que Sa Majesté a confirmé tous les officiers nés Français, qui ont servi en Espagne, dans celui dont ils étaient revêtus, qu'il a 10 années de Lieutenant-Colonel et que la demande de ce grade a été faite pour lui le 3 juin dernier par M. le Comte Léon de Juigné, son colonel.

« Les états de service joints convaincront votre Excellence qu'il est digne de la faveur qu'il sollicite.

« J'ai l'honneur d'être, avec un très profond respect...

« DE PONTIS, Comte de SAINTE-HÉLÈNE.

« Paris, le 1ᵉʳ juillet 1816
« rue du faubourg du Temple, nᵒ 1. »

(Archives du Ministère de la Guerre

à la suite de la disgrâce du vice-roi, comte de Lignières, « son parent », rappelé d'Amérique du Sud par le gouvernement espagnol. Et Pierre précisait qu'il avait quitté l'Argentine le 15 mars 1810 à bord du *Saint-Christ de Grâce* et qu'à peine débarqué dans la péninsule, il avait gagné l'île en question pour sa « sûreté personnelle », avant d'être affecté à l'état-major général espagnol le 26 décembre 1810.

Pour le reste, de Pontis s'était arrangé à faire cadrer les dates... du mieux qu'il avait pu.

Quant à sa justification d'état civil, l'acte de notoriété de Soissons allait la lui procurer.

Mais ces nouveaux états de services étaient bien différents de ceux fournis par l'intéressé antérieurement à l'armée du maréchal Soult.

Heureusement pour l'aventurier, un assez beau désordre régnait au ministère de la Guerre, en cette période de transition.

Malgré ces documents officiels, Pierre n'était pas tranquille : il aurait bien voulu profiter de sa situation si péniblement acquise... un peu plus loin de la capitale et des pays où il était susceptible d'être reconnu. Aussi sollicita-t-il la faveur d'un commandement dans nos possessions américaines. Ce n'était pas la première fois d'ailleurs qu'il faisait semblable démarche.

Déjà sous la première Restauration, il avait écrit au comte Dupont pour obtenir de l'autorité militaire son affectation dans un régiment en partance pour la Guadeloupe.

Sa demande étant restée sans réponse, il abandonna momentanément ce projet.

Puis il le reprit en avril 1817, poussé par un sentiment de crainte.

Sa requête (1), cette fois, fut transmise au

(1) La voici *in extenso* :

« A Son Excellence le Comte de Bouchage, Pair de France, Ministre de la Marine.

« Monseigneur,

« Le Lieutenant-Colonel André-Pierre de Pontis, Comte de Sainte-Hélène, chevalier des ordres du Roi, de Saint-Louis et de la Légion d'honneur et de l'Ordre d'Alcantara d'Espagne,

« A l'honneur d'exposer à votre Excellence qu'ayant servi en Amérique pendant 20 ans, il y a acquis des possessions ; il y a laissé une partie de sa famille qui lui fait désirer vivement l'occasion d'y retourner.

« Pour déterminer votre Excellence à lui accorder la faveur qu'il sollicite et lui persuader que les intérêts particuliers de l'exposant ne sont pas les seuls qui l'engagent à lui soumettre son humble supplique, il vous prie, Monseigneur, de jeter les yeux sur l'état de ses services qu'il joint ici. Il ose espérer qu'ils vous convaincront du désir qu'il conserve d'en rendre de nouveaux dans des contrées où la connaissance qu'il a des lieux et des usages et l'habitude du climat lui laissent croire que, jeune encore, il pourra servir Sa Majesté beaucoup plus utilement dans cette partie du monde que partout ailleurs.

« Ce fut en qualité de Chef de Bataillon qu'il eu le bon-

Ministère de la Guerre, puis au Ministère de la Marine à qui l'intéressé fut prié de s'adresser désormais.

Ce dernier Département lui répondit quelque temps après en ces termes :

Monsieur, j'ai pris connaissance du mémoire que vous avez adressé à mon prédécesseur à l'effet d'obtenir de l'emploi dans les colonies françaises d'Amérique.

J'ai ordonné qu'il fût pris note de votre demande. Je me la ferai représenter en cas de vacance, avec les titres dont elle est appuyée et, s'il est possible alors d'y faire droit, vous en serez aussitôt informé.

Recevez, etc.

*
* *

Comme notre aventurier n'était pas homme

heur de suivre Sa Majesté à Gand et qu'il a été maintenu en activité dans la Légion de la Seine. Tout récemment promu au grade de Lieutenant-Colonel, il brûle de répondre aux bontés de Sa Majesté ; que votre Excellence daigne lui en procurer les moyens en l'employant en Amérique, dans quelque partie que ce soit, afin qu'il puisse, avec ce nouveau titre, se hâter de prouver la continuité de son zèle et toute sa gratitude.

« Le suppliant a l'honneur d'être, avec le plus profond respect...

Signé : Le Comte de Sainte-Hélène
de Pontis ».

(Archives du Ministère de la Guerre.

à perdre confiance en sa destinée pour quelque
échec imprévu, il changea son « fusil d'épaule »
et réclama (1) la faveur d'un commande-

(1) « A Son Excellence Monseigneur le Duc de Feltre,
Maréchal et Pair de France, Ministre de la Guerre.

« MONSEIGNEUR,

« André-Pierre de Pontis, Comte de Sainte-Hélène,
Chevalier des Ordres Royaux de Saint-Louis, de la Légion
d'honneur, et de celui d'Alcantara d'Espagne, lieutenant-
Colonel,

« A l'honneur de rappeler à votre Excellence qu'elle eut
la bonté de lui dire alors qu'elle l'aurait placé, en qualité
de Chef de Bataillon à la Légion de la Seine, que son intention particulière aurait été de le maintenir en activité
et qu'elle y a ajouté la promesse de le placer dans son
nouveau grade aussitôt qu'il se trouverait un emploi va-
cant.

« Sa Majesté en l'autorisant à prendre rang du
4 avril 1808 ainsi que les bontés dont vous daignâtes
constamment le favoriser lui laissent l'espoir que si votre
Excellence n'a pu trouver encore l'occasion de l'employer
dans quelque légion elle voudra bien se rendre à ses dé-
sirs en lui accordant un commandement de place, étant
père de famille ; il se trouverait heureux d'un pareil emploi et de pouvoir justifier, par de nouveaux services, la
confiance dont le Roi a bien voulu l'honorer et qu'il doit à
votre recommandation particulière.

« Sans doute, Monseigneur, que la faveur qu'il a obtenue
pour prix de 27 années de services, de ses nombreuses blessures, du sacrifice de tous ses biens pendant son émigration
et de l'attachement inviolable dont il donna de nouvelles
preuves à Sa Majesté en quittant le 100ᵉ régiment, où vous
aviez eu la bonté de le placer en 1814, pour la suivre en
Belgique lui est bien précieuse ; mais il ne sera entièrement
satisfait qu'alors qu'il pourra donner à son auguste personne, dans tous les instants de sa vie, les témoignages
les plus certains du zèle qui l'anime comme un de ses plus
fidèles sujets en remplissant les devoirs dont votre Excellence l'aura chargé.

« L'exposant ose se croire fort de ce que votre Excel-

ment dans une place forte à défaut d'un régiment aux colonies.

Et comme les temps étaient durs, il chercha
à se faire payer un rappel de solde et une
indemnité d'entrée en campagne... qu'il jurait
n'avoir jamais touchés.

A cet effet, il se plaignit au nouveau ministre de la Guerre, les 16 septembre et
6 octobre (1) de la même année, en joignant

lence voulut bien faire pour lui jusqu'à ce jour, qu'il lui
soit donc permis de s'en servir comme d'un titre auprès
d'elle pour obtenir la faveur qu'il sollicite.

« Le suppliant a l'honneur d'être avec un profond respect...

« *Signé :* DE PONTIS,

« 24, rue de l'Échiquier, 24. »

(*Archives du Ministère de la Guerre.*)

(1) « A Son Excellence Monseigneur le Comte Gouvion
Saint-Cyr, Maréchal et Pair de France, Ministre de la
Guerre.

« MONSEIGNEUR,

« J'ai eu l'honneur d'adresser à votre Excellence deux
pétitions, la dernière dans le courant du mois dernier,
pour supplier votre Excellence d'ordonner que la gratification d'entrée en campagne accordée aux officiers qui
sont sortis du service étranger pour entrer à celui de la
France me soit payée, gratification que je jure, sur ma parole d'honneur, n'avoir jamais touchée.

« En 1814, je suis passé du Service d'Espagne à celui
de France en qualité de Chef de Bataillon au 100ᵉ régiment
d'Infanterie de ligne et suis entré de suite en campagne,
votre Excellence sera à même de s'en convaincre par mes
états de services que j'ai joints à mon avant-dernière sup
plique ainsi qu'un certificat de non-paiement du Conseil

à sa réclamation un certificat de cessation
de paiement qu'il avait su tirer de son ancien
régiment le 100e de ligne, sitôt la fin des
Cent-Jours.

...De Pontis était décidément un vieux
troupier qui connaissait « le système D »
avant la lettre.

A sa première demande concernant la
solde, il ne sera répondu que beaucoup plus
tard, comme nous le verrons ultérieurement,
alors que de Pontis n'était plus en état de
percevoir un traitement militaire.

Quant à la deuxième, elle ne servit qu'à
grossir son dossier au ministère. Ce dossier
n'était pas seulement volumineux, il était
aussi de ceux qu'on épluche.

Pierre devenait en effet suspect au Département de la Guerre — à son insu — et il
ne se doutait pas en écrivant le 30 octobre
au maréchal Gouvion Saint-Cyr, qu'il allait

d'Administration du 100ᵉ régiment, ce certificat n'étant rela-
tif qu'à ma solde.

« J'ose supplier votre Excellence de daigner en faire
demander un de non-paiement de la gratification que je
sollicite à M. l'Inspecteur aux Revues chargé de la comptabilité de mon Régiment.

« J'ai l'honneur d'être de votre Excellence...

« *Signé :* le Comte DE SAINTE-HÉLÈNE DE PONTIS.

« Paris, 6 octobre 1817,

« Rue de l'Échiquier, nᵒ 24. »

(*Archives du Ministère de la Guerre.*)

attirer sur lui l'attention malveillante de ses chefs.

Et cependant, cet écrit n'était pas plus compromettant que les précédents, puisqu'il était ainsi rédigé :

MONSEIGNEUR,

André-Pierre de Pontis, comte de Sainte-Hélène, chevalier des ordres royaux de Saint-Louis, de la Légion d'honneur et de celui d'Alcantara d'Espagne, lieutenant-colonel avec solde d'expectative,

A l'honneur de soumettre à Votre Excellence qu'ayant été promu au grade de lieutenant-colonel par ordonnance du 7 mars dernier, alors qu'il était en activité comme chef de bataillon dans la légion de la Seine, cette faveur lui parut d'autant plus précieuse que Sa Majesté daigna l'autoriser à prendre rang du 4 avril 1808.

Classé parmi les plus anciens officiers de son grade, l'exposant se flatta sous votre prédécesseur, mais en vain, d'être promptement réemployé.

Il vous était réservé, Monseigneur, de remplir à son égard les intentions bienfaisantes de Sa Majesté, et c'est pour vous les faire connaître qu'il se permettra d'en rappeler les motifs.

Le suppliant rappelle que vingt-sept années de longs et constants services, de nombreuses blessures, la perte de tous ses biens pour cause de son émigration et son dernier éloignement de la France en abandonnant le 100e régiment pour suivre Sa

Majesté en Belgique, lui ont fait accorder cet avancement qui fait remonter son rang à l'époque du 4 avril 1808, ce dont il se prévaut aujourd'hui auprès de Votre Excellence pour la solliciter de lui rendre l'activité qui lui fut promise et dont il avait toujours joui.

L'exposant, jaloux de justifier par de nouveaux services et votre confiance et celle de son roi, aurait en quelque sorte à regretter sa nouvelle promotion si elle le laissait dans une inactivité si contraire à l'expression de ses sentiments. Il ose donc supplier Votre Excellence de lui accorder un commandement de place étant père de famille. Il se trouvera trop heureux de donner de nouvelles preuves à Votre Excellence de son zèle et de son dévouement dans un pareil emploi.

Le suppliant a l'honneur d'être, Monseigneur, de Votre Excellence, etc.

Il n'en est pas moins vrai qu'au reçu de cette lettre, le maréchal Gouvion Saint-Cyr, ne se contenta pas de transmettre la demande au service intéressé aux fins de réponse... Mais il demanda à la justice militaire et à l'infanterie des renseignements sur l'officier signataire. Il n'y avait d'ailleurs rien de surprenant à cela : le chef supérieur responsable du bon renom de l'armée avait bien le droit d'être méfiant.

Aussi, lorsque le bureau des états-majors lui envoya, le 14 novembre suivant, un rap-

Légion Départementale [...]

État des services de Monsieur de Pon[...]
[...] d'honneur et de celui d'Alcantara d'Espagne, Lieute[nant ...]

Désignation des Grades successifs	Désignation des Corps [...] dans lesquels il a servi	Époque des promotions à chaque grade [...] du service	De la cessation du service dans chaque corps	Durée du service dans chaque grade			Campagnes (Années)
Émigré	en Espagne	179[0]					
Sous-Lieutenant	Régiment de Bourbon-Espagne	10 avril 1790	11 May 1794	4	.	16	
Lieutenant	idem	11 May 1794	14 Juin 1800	6	1	2	
Capitaine	idem	15 Juin 1800	15 Septembre 1806	6	3	11	
Lieutenant-Colonel	idem	16 Septembre 1806	.	.	.	.	
Aide de Camp	du Comte de Piguer[...] [...] à Bourbon-Espagne	1r Septembre 1806	[...] Décembre 1810	4	3	.	1777 1778 [...]
Aide de Camp	[...] Major Général en Espagne	16 Décembre 1810	19 Janvier 1814	3	1	5	[...]
Passé au service [...]	[...] Régiment d'Inf.ie de Ligne	20 Janvier 1814	10 Septembre 1814	.	7	21	1799 [...]
idem	30e Régiment [...] idem	24 Septembre 1814	15 May 1815	.	8	21	[...]
	[...] officiers [...] au service de sa Majesté Royale	16 May 1815	8 Décembre 1815	.	5	20	[...]
	[...] de la [...]	9 Décembre 1815	.	.	.	.	
	de l'ordre d'Alcantara	15 Janvier 1790	.	.	.	.	[...] 1810 [...]
Chevalier	de la légion d'honneur	1 Novembre 1813		.	1	13	1815
	de l'ordre royal de St. [...] Louis	16 Janvier 1816					
	Total des services			15	10	7	
Récapitulation	Services			15	10	7	
	Campagnes			6	.	.	
	Supplément au dessus de 5 Campagnes			1	.	.	
	Campagnes de Mer			10	.	.	
	Supplément			10	.	.	
	Total Général des services et Campagnes			12	10	7	

[...] pour copie conforme
L'adjoint aux inspecteurs aux revues
[signature]

Seine N° 72

Croix de S.te Hélène chevalier de l'Ordre Royal et Militaire de S.t Louis et de la Légion [d'honneur]

Né le 29 septembre 1771 à Soissons Département de l'Aisne

Campagnes Actions et Blessures

M.r le Lieutenant Colonel De Pontia [illegible] l'administration de la Légion [illegible] honorable qui lui ont été [illegible] [illegible]

La première par la balance de l'[illegible] qui atteste que M.r le Lieutenant Colonel De Pontia à servi [illegible] campagne d'Espagne [illegible] zèle et beaucoup de distinction et qu'il [illegible] garne du Vieux Roi il [illegible] escorté d'être compris dans [illegible]

La deuxième par M.r le Général O'Donnelle comte de la Bisbal [illegible] les mêmes témoignages de la conduite [illegible] M.r De Pontia [illegible] qu'il n'est [illegible] quelle travaux et de quelle dangers qu'il a pu arriver à la [illegible]

La troisième par M.r le Général Baron Paris commandant [illegible] division de l'armée de réserve d'Aragon qui certifie [illegible] le Lieutenant Colonel De Pontia [illegible] lui apporté des dépêches en Aragon et qu'il s'est distingué dans les affaires qui ont [illegible] le 19 juillet 1813 ainsi que la retraite en ordre à confier le commandement de cinq cents hommes qui [illegible] l'arrière garde [illegible]

La quatrième en certifiant de M.r le Général Baron Gaussard command.t le rég.t [illegible] et Yonne [illegible] auquel M.r de Pontia command.t depuis le mois de février jusqu'à celui de mai était une colonne de 1650 hommes [illegible] [illegible] par [illegible]

La cinquième de M.r le Major Duplan officier de la Légion d'honneur [illegible] de le 100.e régiment d'infanterie [illegible] qu'ils [illegible] le Lieutenant Colonel De Pontia [illegible] par son activité son énergie, son courage son intelligence [illegible] par tout — é quand il [illegible] [illegible] officier d'expérience

La sixième en certifiant de M.r le Maréchal de camp de la roche chassière command.t supérieur de la place de Pampfire [illegible] 17 [illegible] qui fit le siège [illegible] année sous laquelle M.r le Lieutenant Colonel De Pontia [illegible] particulièrement [illegible] l'emporta [illegible] des Bourbons [illegible]

M.r le huitième Colonel De Pontia étant en congé [illegible] Paris dans le mois de mai 1815 il [illegible] le Roy publique [illegible] et il a pris un congé et le royal défenseur [illegible] de [illegible] par l'ordre M.r le M.al comte d'Erlon De Clugny comm.t le corps [illegible] qui [illegible] la signature des officiers [illegible] Dalbery à Doncourt S.t [illegible] [illegible] [illegible] la suite de la Division

Blessures

1. [illegible] frappé été à l'affaire de l'amiral Blas à [illegible] coup de sabre à la tête

2. [illegible] à [illegible] à l'affaire de Montereau Blas à [illegible] coup à la tête [illegible] contre et blessé [illegible] par [illegible] main droite et l'autre la [illegible] [illegible] d'un [illegible] de la main gauche

3. [illegible] le 16 septembre 1813 à l'affaire de [illegible] ayant Blas d'un coup de sabre dans le bras droit

4. [illegible] 11 novembre 1813 à l'affaire de la Corogne Blas d'un coup de feu à la jambe droite

5. [illegible] le 4 [illegible] 1813 à l'affaire de Cardona Blas d'un coup de baïonnette sous l'aisselle droite

6. [illegible] 18 juin 1813 à l'affaire de l'[illegible] en [illegible] Blas d'un coup de feu à [illegible] supérieure de la tibia

7. [illegible] 4 mai 1814 en présence [illegible] par le Roy. [illegible] par des Bourbons [illegible] coup de feu à la [illegible] droite

port (1) favorable à l'intéressé — en discordance complète avec ceux fournis par

(1) Rapport fait au Ministre le 14 novembre 1817.

1re DIVISION

BUREAU DES ÉTATS-MAJORS
ET DE LA
MAISON MILITAIRE DU ROI

RAPPORT	DÉCISION
« M. de Pontis, comte de Sainte-Hélène, lieutenant-colonel, en non-activité à Paris, sollicite un emploi dans les états-majors des places. « M. de Pontis représente au Ministre que son grade lui laissant peu d'espoir d'être promptement employé dans la ligne, il désire obtenir le commandement d'une place qui le mette à même de soutenir sa famille et de donner encore des preuves de son dévouement et de sa fidélité au Roi. « M. de Pontis a : « 43 ans d'âge, « 25 ans de services, « 24 campagnes et « 12 blessures. « Cet officier supérieur qui compte plusieurs faits militaires très honorables a quitté son régiment au mois de mars 1815, pour suivre Sa Majesté en Belgique, où il a servi dans le corps des officiers sans troupe. « M. de Pontis est encore dans toute la vigueur de l'âge. Il est d'un beau physique et paraît susceptible d'être utilement employé soit comme major de place, soit comme Lieutenant du Roi. » On prie son Excellence de vouloir bien faire connaître si son intention est de faire inscrire cet officier supérieur sur la liste de ceux à proposer pour les Lieutenants du Roi de 4e classe. « *Le chef de bureau,* « DENOUET. »	« M. de Pontis est un officier d'infanterie qui a été l'objet d'un rapport très détaillé soumis à l'examen du bureau de la Justice militaire. « Si le bureau des États-Majors avait consulté celui de l'infanterie lorsqu'il a dû remarquer que cet officier annonçait avoir servi dans cette arme, il n'aurait pas fait telle proposition. » *(Paraphe)* *21 novembre.*

(Archives du Ministère de la Guerre.)

les bureaux de l'infanterie et de la justice
militaire — il l'annota défavorablement :
le Ministre de la Guerre ne voulait plus réintégrer le comte de Sainte-Hélène et il le fit
savoir.

Mais pourquoi les bureaux de la justice
militaire et de l'infanterie étaient-ils hostiles
au lieutenant-colonel vers la fin de 1817?
Le chapitre suivant va nous l'apprendre.

Pierre était perdu, dès maintenant, dans
l'esprit de ses supérieurs.

CHAPITRE VI

LA CHUTE DE L'OFFICIER

Pierre ne se doutait pas, avons-nous dit, que lors de la plainte du maire de Saint-Pierre-du-Chemin au préfet de la Vendée, il avait fait l'objet d'une enquête discrète. Bien que cette enquête n'eût donné aucun résultat, elle avait eu néanmoins pour effet d'appeler l'attention de la « police politique » sur sa personne.

D'autres incidents — insignifiants en apparence — étaient d'ailleurs venus se greffer sur cette ancienne histoire et raviver les souvenirs de la « Sûreté générale » de l'époque sur le comte de Sainte-Hélène.

C'est ainsi que le ministre de la Police avait reçu de l'un de ses subordonnés, le commissaire Monniez, du quartier Saint-Antonin, un rapport sur des bruits de l'évasion de « Buonaparte », bruits qui circulaient alors journellement dans Paris. Et ce magistrat ajoutait :

La domestique d'un soi-disant comte de Sainte-Hélène, colonel, demeurant à Paris, rue de l'Échiquier, n° 24, est entrée, il y a quelques jours, chez le traiteur qui est dans la même maison et a dit en dansant : « Je viens vous apprendre une bonne nouvelle : *Buonaparte est sorti de l'île de Sainte-Hélène, et nous le reverrons bientôt. C'est mon maître qui vient de le dire.* »

J'ai pris des mesures pour avoir des renseignements ultérieurs sur cet individu, mais je pense qu'il est essentiel de faire surveiller avec soin ses démarches et ses liaisons.

Trois jours après, le 25 novembre 1816, le cabinet particulier du ministre donnait ordre aux officiers de paix de savoir ce qu'était « le comte de Sainte-Hélène ».

Les renseignements (1) fournis par ces

(1) Rapport :

« M. le Comte de Sainte-Hélène, demeurant rue de l'Échiquier, n° 24, est commandant de bataillon dans la Légion du Département du Calvados ; il est en permission à Paris et y sollicite le grade de Colonel ; marié avec une dame espagnole ; on dit beaucoup de bien de ce ménage dans le quartier. Il paraît dévoué au Roi : on apporte la preuve qu'il n'a pas voulu prendre du Service pendant l'interrègne. Le traiteur chez lequel on a pris des informations sur le propos qu'aurait tenu la cuisinière relative-

derniers lui furent favorables. Néanmoins, lorsqu'on a « la police après soi », la prudence élémentaire commande de se tenir coi! De Pontis oublia cette vérité première et recommença à mener la vie en partie double d'autrefois! Bien mal lui en prit.

*
* *

Mais de Pontis pouvait-il se passer des relations de Pierre Coignard?

Non.

L'aventurier ne savait pas vivre sans voler! Il avait la passion du vol dans le sang.

D'autre part, sa solde « d'expectative » ne lui permettait pas de mener son nouveau train de maison. Pour le monde, il offrait la façade d'une fortune personnelle, un récent héritage assurant l'aisance de la maison. Mais pour les initiés, le comte de Sainte-

---

ment à l'évasion de Bonaparte a nié le fait et a assuré n'avoir jamais entendu cette femme dire pareille chose.

« Le 26 novembre 1816.

« Les Officiers de Paix, attachés
« au Ministère,
« DUSSIRIAIX, JOLY. »

(Archives Nationales.)

Note des Auteurs. — Les Officiers de Paix faisaient erreur ; de Sainte-Hélène appartenait à la Légion de la Seine mais cette Légion avait quitté Paris le 9 juin pour aller tenir garnison à Caen ; le Chef de bataillon de Sainte-Hélène, mis en disponibilité, n'avait pas suivi son corps.

Hélène vivait du produit de ses « mauvais coups » . Et ceux-là étaient dans le vrai.

Pierre avait retrouvé, en effet, à Paris, quelques anciennes connaissances des mauvais jours, échappées des bagnes de France ou d'Espagne, Soffiet dont nous avons déjà parlé, Lexcellent, Carette et Alexandre — le plus jeune frère de Pierre — que nous retrouverons plus tard.

Le comte indiquait à la sinistre bande les « maisons bonnes à faire » suivant le style imagé des aigrefins et la bande dévalisait à cœur joie pour le profit de tous les associés.

Pierre avait, en effet, d'assez belles relations dans la haute société parisienne. C'est ainsi qu'il fréquentait assidûment chez l'intendant militaire de la 15e division, M. Prévost, fonctionnaire important du ministère de la Guerre, dont la femme était née elle-même « de Pontis ». Mais il s'agissait là, bien entendu, d'une noblesse authentique qui n'avait rien de commun avec celle du lieutenant-colonel! Et cependant ce dernier ne manquait pas d'appeler l'intendante « ma cousine ».

Il lui avait présenté sa femme, Rosa Marcen, qu'il faisait passer dans cette société de bon ton pour la fille du vice-roi de Malaga, veuve d'un colonel espagnol.

A ce dernier titre, il avait fait inscrire sa

compagne sur la liste des réfugiés de la péninsule à qui le gouvernement français accordait quelques subsides... et pour l'occasion, Pierre l'avait gratifiée du nom de
« veuve de Pontes ». Cette appellation voisine de la sienne propre, lui permettait de
donner le change le cas échéant... et d'égarer
ainsi les curieux.

Dans la même intention, il avait raconté
à Mme Prévost que son père s'était fixé en
Amérique, qu'il possédait une grande fortune
et que deux de ses sœurs s'y étaient faites
religieuses.

Aimable, beau parleur, Pierre avait su
conquérir ses nouveaux amis et leurs deux
charmantes jeunes filles, comme il sut faire
la conquête des autres maisons où il était
reçu, et ces maisons eurent à s'en repentir !
Témoin, celle de M. de Sergent de Champigny,
chef de division au ministère de la Guerre,
qui fut dévalisée par ses soins d'une façon
qui mérite la peine d'être racontée.

Un beau matin de novembre 1816, de
Pontis présenta à M. de Champigny un sien
ami qui sollicitait un mot de recommandation auprès de la Commission russe établie
à Maubeuge.

Pendant que le chef de division écrivait
la lettre demandée, Pierre prit adroitement
l'empreinte d'un secrétaire renfermant l'ar-

genterie et les bijoux, puis, sous prétexte de montrer la belle ordonnance des pièces de l'appartement à l'ami en question, il en fit la reconnaissance en vue des opérations qu'il projetait d'exécuter incessamment.

Et, en effet, le 11 décembre suivant, pendant que M. de Champigny était occupé à donner audience, Lexcellent et d'autres hommes de la bande pénétraient chez le chef de division et y dérobaient tout ce qui pouvait avoir quelque valeur... Pour être certain que sa troupe ne serait pas dérangée pendant cette opération, Pierre se faisait recevoir à l'audience de M. de Champigny, le retenant juste le temps qu'il estimait nécessaire pour mener à bien le cambriolage de la maison.

Le vol découvert, M. Sergent eut peut-être quelques soupçons sur l'ami du comte, sinon sur le comte lui-même! Et c'est au comte qu'il alla confier sa triste aventure!

Il la raconta même avec quelque amertume, faisant remarquer qu'on l'avait laissé sans un sou, les bandits ayant emporté pour 4.500 francs d'espèces... et ce disant... il regardait fixement Pierre.

Ce dernier, sans se démonter, parut s'intéresser vivement à l'infortune du chef de division. Il ouvrit son secrétaire, prit 1.000 fr. et pria M. de Champigny d'accepter ce prêt à titre d'ami.

ARC DE NAZARETH

(Ancienne Préfecture de Police)

Devant un pareil geste, M. Sergent chassa ses soupçons. Il fit une reconnaissance de dette... dont l'aventurier poursuivit plus tard le remboursement !

M. de Champigny était loin de se douter que de Pontis possédait encore chez lui ses bijoux dérobés ainsi qu'un superbe petit peigne en écaille et un riche flacon de cristal !

Mais ce n'est pas l'entourage de Pierre qui l'aurait trahi : son valet de chambre était son propre frère Alexandre et son cocher Habonnait, un « affilié ».

Habile faussaire, de Pontis s'était assuré la reconnaissance de quelques déserteurs en régularisant leur situation militaire à l'aide de pièces maquillées. C'est ainsi qu'il fit obtenir une pension de retraite de 300 francs à un sieur Charles-J.-B. Lenormand, se disant ancien adjudant (en réalité, soldat fuyard de nos armées, tour à tour cantinier et ordonnance d'officiers supérieurs) grâce à de faux états de services garantis par le cachet du lieutenant-colonel.

Mais l'atmosphère de sympathie, qu'il avait su créer autour de lui n'allait pas l'empêcher de tomber, malgré tout, dans l'abîme et dans la honte.

Au cours d'une cérémonie militaire, place Vendôme, Pierre fut reconnu, malgré son bel uniforme, ses chamarrures, ses décorations et son superbe cheval, par un ancien forçat libéré du bagne de Toulon, son compagnon de chaîne, du nom de Darius, arrivé à Paris depuis quelques jours.

A l'issue de la cérémonie, l'ex-camarade demanda le nom et l'adresse du lieutenant-colonel à un fourrier placé non loin de lui.

« C'est M. le comte de Pontis de Sainte-Hélène », lui fut-il répondu.

Mais ce nom imprévu ne changea pas l'opinion de Darius, qui persistait à reconnaître dans ce bel officier un rictus de la lèvre spécial à Pierre Coignard.

Il s'empressa, dès le lendemain, de se rendre au domicile de M. de Pontis qui le reçut avec hauteur... et le mit à la porte... dit-on.

Pour se venger, Darius alla faire part de sa découverte à Vidocq, chef de la brigade de Sûreté à la préfecture de police.

L'enquête commencée en 1816 allait rebondir.

Le ciel devenait orageux sur la tête de l'aventurier.

*
* *

Vidocq fit-il un rapport à ses chefs sur la découverte dont il avait été informé, comme c'était son devoir d'ailleurs ? C'est probable, puisque, dès le 16 septembre 1817, le préfet de police appela l'attention du ministre de la Guerre sur les « bizarres agissements » du pseudo-comte de Sainte-Hélène.

Est-ce à la suite de cette observation que la justice militaire fut mise en marche? C'est bien possible.

Quoi qu'il en soit, ce dernier service ne tarda pas à saisir le ministre d'un long rapport, plutôt tendancieux, sur les origines douteuses du lieutenant-colonel de Pontis.

Le maréchal Gouvion Saint-Cyr, après lecture de ce document, décida de faire procéder à une enquête discrète pour s'assurer de l'identité, des titres de l'officier incriminé et, en particulier, de son droit au port de la décoration de l'ordre d'Alcantara.

En exécution de cet ordre, l'original du rapport fut retourné, avec onze pièces à l'appui, au directeur de la justice militaire et de la gendarmerie qui désigna le lieutenant général comte Despinois pour faire subir un interrogatoire au comte de Sainte-Hélène.

Ce dernier ne s'adressa pas tout d'abord à M. de Pontis afin de ne pas éveiller ses soupçons.

Il chargea le capitaine de l'Horme de l'Ile, chef de la police militaire de la division, d'écrire à Mme « la Comtesse » pour la prier de vouloir bien passer à l'état-major de la

Place afin d'y fournir quelques renseignements sur sa situation de réfugiée espagnole.

Rosa Marcen ne vint pas... mais Pierre
s'y rendit à sa place. Il s'informa de ce qu'on
voulait à Mme de Pontis. Il lui fut répondu
qu'il s'agissait de l'établissement du tableau
des réfugiés dont on s'occupait à ce moment
et sur lequel la comtesse devait figurer à
titre de veuve de colonel.

Pierre parut satisfait. Il partit en promet-
tant d'envoyer sa femme avec ses titres.
Mais la visite tardait à venir; aussi, le 5 décembre, le même chef de la police militaire
invitait le lieutenant-colonel à se rendre à
son bureau.

Ce dernier — pensant qu'il s'agissait toujours de la même affaire et prêt à faire face
à toutes les questions — n'hésita pas à répondre à la convocation.

Il vint donc à la Place, où il fut introduit
par le capitaine de l'Horme de l'Ile dans
le cabinet du général Despinois.

Ils s'y enfermèrent tous les trois.

En homme du monde, le général débuta
par quelques formules de politesse à l'adresse
de l'officier dérangé de ses occupations...
avant d'en venir au but de la convocation.
Mais comme il fallait bien en arriver·là, le
comte Despinois ne tarda pas à faire con-

naître les soupçons d'imposture qui s'élevaient sur le pseudo de Pontis.

Il engagea vivement le lieutenant-colonel à se justifier afin de dissiper rapidement les doutes qui planaient sur sa personne.

Ce coup droit fit pâlir Pierre. Il ne put cacher son trouble, contrairement à ses habitudes.

Le général lui en fit la remarque.

De Pontis lui répondit vivement que son émotion était le résultat de la colère et de l'indignation, puis il ne tarda pas à recouvrer son sang-froid.

Il plaida chaleureusement sa cause, promit de fournir toutes les pièces qu'on lui demanderait, tant sur sa situation civile, que sur sa situation militaire, mais il ne réussit pas à convaincre le comte Despinois dont l'opinion était faite depuis la lecture du mémoire le concernant... Et ce n'est pas le trouble du début de l'entretien qui était de nature à ébranler la conviction du juge militaire.

A l'issue de l'interrogatoire — qui dura toute une après-midi et finit fort tard dans la soirée —M. de Pontis fut consigné dans le salon de l'officier de service en attendant la décision à intervenir.

Elle ne se fit pas attendre.

Le général, convaincu que l'officier et

l'ex-forçat Pierre Coignard ne faisaient qu'une même personne, donna ordre (1) au chef de bureau de la police militaire de se rendre au domicile de l'inculpé et en sa compagnie, afin d'y recueillir toutes pièces, titres ou brevets susceptibles d'éclaircir la justice.

(1)   6 Décembre 1817.
ORDRE

« Le Lieutenant-Général, commandant la Division, ordonne à M. le Capitaine d'État-Major, baron de l'Horme-de-l'Ile, Chef de la Police Militaire, de se transporter sur-le-champ, au logis de M. de Pontis, Comte de Sainte-Hélène, lieutenant-Colonel, en non activité, accompagné de cet *Officier supérieur*, dans *l'objet de recueillir les titres, brevets ou pièces qui peuvent constater son état civil et militaire.*

« A cet effet, il sommera de ma part, M. de Pontis d'avoir à lui présenter ses papiers ; on fera le dépouillement en sa présence, on dressera l'inventaire, retiendra seulement les titres ou pièces dont le contenu et la production lui paraîtront nécessaire sur récépissé en bonne forme et lui remettra les autres.

« Il invitera en même temps la dame Rose Marcen, se disant veuve de Pontis ou de Pontes, à exhiber les titres justificatifs de sa condition de veuve d'un colonel et de réfugiée espagnole, et, tout en usant envers cette dame de tous les égards dus à son sexe et à sa position vis-à-vis de M. de Pontis, il la préviendra qu'à défaut par elle de se mettre en règle et de déférer aux invitations qu'elle a déjà reçues pour se rendre à l'État-Major de la Division, elle sera nécessairement privée du secours du Gouvernement.

« *Signé* : Comte Despinois. »

Nota. — « Parmi les pièces à rechercher : l'original d'un certificat délivré à Majorque sous la date du 1er juin 1810, par le Lieutenant-Général O'Donnel à M. de Pontis pour constater que ce dernier a été envoyé le 27 juillet 1810 à l'Ile de Majorque par mesure de Sûreté personnelle.

(Archives du Ministère de la Guerre.)

Cet ordre ne satisfaisait personne.

Ni de Pontis, qui avait espéré tout au moins retourner librement chez lui pour y chercher les documents nécessaires à sa justification.

Ni le capitaine de l'Horme de l'Ile qui considérait cette mission comme peu convenable à ses fonctions. Nouvellement installé dans les fonctions de chef de bureau de la police militaire, il pensait n'avoir pas à s'occuper de l'exécution des mandats et désirait se décharger de cette opération sur un officier de gendarmerie.

Mais le général ne revint pas sur sa décision : dans son esprit, Pierre n'était pas encore inculpé; c'était donc à ses services de s'occuper de l'affaire.

Force fut donc au capitaine de se rendre en voiture au domicile du lieutenant-colonel, et en sa compagnie, accompagné d'un gendarme et d'un employé du bureau destiné à jouer le rôle de greffier.

De Pontis habitait, à cette époque, 8, rue Basse-d'Orléans.

CHAPITRE VII

LA FUITE DU COMTE DE SAINTE-HÉLÈNE

Dans le fiacre qui le ramenait à son domicile, l'aventurier songeait à ce qu'il devait faire désormais. Son parti fut vite pris : il se rendit compte immédiatement qu'il ne pourrait plus donner le change cette fois encore et qu'il était irrémédiablement perdu. Aussi songea-t-il à fuir. Mais pour ne pas éveiller les soupçons, il fut loquace durant tout le trajet. Il plaisanta avec ses surveillants... tout en conservant les distances imposées par son grade. Affectant de ne pas prendre au tragique l'accusation qui le frappait, affirmant qu'il allait confondre rapidement ses calomniateurs et déjouer le complot ourdi contre lui, Pierre déclarait à ses compagnons que le général le rappellerait incessamment — sur le vu de ses pièces justificatives — pour lui faire des excuses.

...Et il demeura gai jusqu'à son appartement, dont il fit les honneurs au baron de l'Horme de l'Ile.

Puis ils s'enfermèrent dans la chambre à coucher de Pierre où se trouvaient les papiers de famille.

Le capitaine jugea prudent de placer le gendarme à la porte de la chambre pour ne pas laisser la moindre chance de fuite à l'accusé.

Cette précaution lui paraissait d'ailleurs, lorsqu'il voyait l'allure dégagée de M. de Pontis, un peu exagérée, mais elle faisait partie des règles prescrites et il l'appliqua.

Puis il installa son greffier et commença à lui dicter le protocole du procès-verbal d'inventaire.

Ceci fait, il lut au lieutenant-colonel l'ordre dont il était porteur, ordre que ce dernier connaissait déjà dans ses grandes lignes depuis le départ du ministère.

L'officier incriminé répondit avec beaucoup de sang-froid qu'il allait remettre tous ses papiers, brevets, titres, afin d'obéir scrupuleusement aux ordres du général.

Ce disant, il demanda la permission de gagner l'alcôve du fond de sa chambre pour changer de vêtement avant de se livrer à l'examen des pièces.

C'était assez naturel après une si longue absence de chez lui, d'autant qu'il manifestait l'intention de retourner ensuite auprès du général Despinois. Un brin de toilette s'imposait en la circonstance...

S'isolant dans un recoin de l'alcôve, caché aux yeux de tous, Pierre se mit en devoir de changer de costume puis... disparut par une porte dérobée.

Ses compagnons l'attendirent, tout en compulsant les notes du dossier...mais ils finirent par trouver le temps long!...

Impatientés, ils gagnèrent l'alcôve, passèrent derrière le lit... où ils ne virent plus rien... pas même la porte secrète cachée par du papier peint!

Au même moment, la porte de la rue se fermait avec violence; Pierre s'enfuyait avec sa femme et son domestique, qui n'était autre qu'Alexandre Coignard.

Le capitaine de l'Horme de l'Ile, lorsqu'il constata la disparition de Pontis, envoya précipitamment son gendarme à la porte cochère de la maison... mais il était trop tard.

Furieux l'officier retourna dans l'alcôve, découvrit cette fois la porte dérobée, visita tout l'appartement, où il ne trouva que deux servantes ignorantes de la disparition de leur maître, puis fit prévenir immédiatement le commissaire de police du quartier.

Avant de quitter l'appartement, le capitaine fit l'inventaire des papiers, mais ne trouva, bien entendu, aucun titre pouvant servir à la justification du pseudo-comte de Sainte-Hélène...

Le chef du bureau de la police militaire avait été joué... Il ne lui restait plus qu'à rendre compte à ses supérieurs.

***

Évidemment, il fut mal accueilli, d'autant plus mal que les recherches du commissaire de police — qu'il avait mandé de son propre chef — demeuraient infructueuses.

Il est vrai que ce dernier magistrat ne vint aux renseignements que le lendemain, c'est-à-dire beaucoup trop tard pour obtenir un résultat positif.

Le ministère de la Guerre se résigna alors à signaler l'incident au ministère de la Police générale (non informé officiellement) par lettre en date du 23 décembre suivant.

Cette lettre relatait à la fois l'interrogatoire et la fuite du lieutenant-colonel.

Elle faisait part également des soupçons qui planaient sur l'officier incriminé (1).

(1) « Monsieur le Ministre de la Police Générale.

« Un individu se donnant le nom de Pontis et se qualifiant de Comte de Sainte-Hélène (André-Pierre), était parvenu à se faire nommer chef de bataillon à la Légion de la Seine ; postérieurement, il a été mis en non-activité avec le grade de Lieutenant-Colonel. Quelques circonstances ayant élevé des doutes sur l'origine de cet indi-

Au reçu de cette communication, le ministre de la Police générale écrivit au comte Anglès

vidu, ainsi que sur l'authenticité des états de service dont il s'était prévalu, on a donné communication des avis qu'on aurait reçus à la Préfecture de Police, en priant cette Administration de faire connaître, à son tour, les renseignements qu'elle pourrait avoir. Ceux que M. le Comte Anglès a adressés au Ministère de la Guerre n'ont servi qu'à accroître les soupçons et à les rendre plus graves ; il ne s'agissait pas moins que de vérifier si le soi-disant Comte de Sainte-Hélène ne serait pas un forçat évadé du bagne de Toulon, nommé Pierre Coignard, condamné à Paris, le 18 octobre 1800, à 14 années de fer pour vol commis à l'aide d'effraction dans une maison habitée.

« Le grade militaire de cet individu et les décorations de Saint-Louis et de la Légion d'honneur qu'il aurait obtenues prescrivaient impérieusement de faire examiner sa position et j'avais chargé de ce soin M. le Lieutenant-Général Comte Despinois.

« Il résulte d'une lettre que m'a écrit ce général, le 7 du courant, que le 5, il lui fit subir un long interrogatoire ; que le 6, il le fit conduire à son domicile, rue Basse-d'Orléans, n° 8, par un Capitaine d'État-Major pour assister au dépouillement de ses papiers et que, par suite d'une négligence inexcusable, le prétendu Comte de Sainte-Hélène est parvenu à s'évader au moyen d'une porte secrète pratiquée dans une alcôve.

« M. le Lieutenant-Général, Comte Despinois, m'annonce que l'interrogatoire subi par cet individu, et quelques autres circonstances, lui ont fourni la conviction morale qu'il y a identité de personne entre cet aventurier et le nommé Coignard échappé des fers.

« Quoique je sois informé que la police civile est intervenue à la demande de M. le Lieutenant-Général, j'ai cru néanmoins devoir faire cette communication à votre Excellence qui prescrira, pour la recherche de cet individu, toutes mesures qu'elle jugera convenables.

« J'ai l'honneur d'être...

« Pour le Ministre,
« Le Conseiller d'État, Directeur,
« Signé : Illisible. »

(Archives Nationales.)

pour l'informer que l'individu ayant fait l'objet d'une enquête en 1816, à la suite d'une plainte du préfet de la Vendée, était actuellement en fuite et que la justice militaire avait acquis la conviction, après un interrogatoire serré, que le pseudo-comte de Sainte-Hélène n'était autre que le forçat Pierre Coignard évadé du bagne de Toulon. En conséquence, il enjoignait à son subordonné « d'avoir à prescrire toutes mesures qui lui paraîtraient les plus convenables pour procéder à son arrestation ».

Le préfet de police ne devait pas être surpris de cette décision, car le commissaire de quartier, appelé par le baron de l'Horme de l'Ile, n'avait certainement pas manqué de lui adresser un rapport sur la fuite du lieutenant-colonel. Aussi fit-il envoyer tout de suite au secrétariat général du ministère, « aux fins d'insertion dans la prochaine feuille imprimée des individus à rechercher », le signalement de l'officier :

Pierre-André de Pontis, se qualifiant de comte de Sainte-Hélène, ex-chef de bataillon à la légion de la Seine, aujourd'hui lieutenant-colonel en non-activité, chevalier des ordres royaux de Saint-Louis et de la Légion d'honneur dont il porte ostensiblement les décorations.

Agé de 44 à 46 ans.

Taille 5 pieds 3 à 4 pouces (bien prise).

Cheveux et sourcils châtains, favoris très épais et bruns, barbe idem, front large, yeux gris, nez aquilin, bouche moyenne et enfoncée, menton pointu, ayant toute l'habitude du corps d'un maître en fait d'armes, les épaules effacées et les genoux en dehors.

Prévenu de faux en écritures publiques, d'usurpation de titres et d'état civil, en destruction du sien propre.

Nota. — Le rechercher par tous les moyens possibles et, en cas d'arrestation, l'amener à la **Préfecture** de police.

Et, quelques jours après, le préfet fit le rapport suivant à son ministre :

Monsieur le Comte,

J'ai reçu la lettre que Votre Excellence m'a fait l'honneur de m'adresser le 3 de ce mois, pour m'inviter à faire rechercher le soi-disant de Pontis se qualifiant de comte de Sainte-Hélène, **ex-chef** de bataillon de la légion de la Seine, présumé être le nommé Pierre-Alexandre Coignard, ancien maître en fait d'armes condamné à Paris, le 18 octobre 1800, à quatorze ans de fers pour vols commis à l'aide d'effraction dans une maison habitée et évadé du bagne de Toulon le 25 juillet 1805.

Cet individu, sur le compte duquel j'avais cru devoir provoquer l'attention de S. E. le Ministre de la Guerre par la lettre que je lui ai adressée à son égard le 16 septembre 1817, s'est effectivement échappé le 6 décembre avec son épouse ou au **moins** la femme vivant avec lui, du logement qu'ils occupaient rue Basse-d'Orléans, n° 8, au moment où l'autorité militaire procédait, en sa présence, à l'examen de ses papiers.

Aussitôt que je fus informé, je fis faire sur-le-champ une perquisition dans la maison qu'il habitait, mais il n'y fut point trouvé. J'ai fait saisir, en outre, les papiers restés dans sa chambre. On n'a remarqué parmi eux aucun titre et ils ne consistent qu'en notes et pièces insignifiantes.

Je fais faire les recherchés les plus actives pour le découvrir et j'ai fait adresser, le 3 de ce mois, son signalement à M. le secrétaire général du ministère de Votre Excellence, avec invitation de le faire insérer dans le prochain cahier imprimé des individus à rechercher. Je fais employer tous les moyens propres à le retrouver et, si on y parvient, j'aurai soin d'en informer Votre Excellence.

J'ai l'honneur d'être... etc.

Dans ce fidèle compte rendu, il y avait un mot de trop. C'était l'expression « sur-le-champ » à propos de la perquisition faite par le magistrat au domicile du lieutenant-colonel.

Comme nous le savons, cette opération n'eut lieu que le lendemain de la fuite de l'aventurier. Il n'était donc plus possible de le retrouver dans l'appartement qu'il occupait rue Basse-d'Orléans.

Pierre Coignard n'était, en effet, pas homme

à se laisser prendre dans une « souricière ».
Mais le préfet avait été mal informé par son
commissaire et, à son tour, il renseignait mal
son ministre... si bien que ce dernier, se
croyant sûr de lui, se permit de critiquer
la police militaire dans une lettre qu'il
adressait à son collègue de la Guerre, le
10 janvier (1), pour le mettre au courant de
la marche de l'affaire.

Pierre allait vivre désormais sous des noms
d'emprunt, à droite et à gauche, traqué
comme une bête fauve, jusqu'au jour prochain où il allait tomber dans les griffes de
la justice.

Dans sa chute, Coignard entraînait un

« (1) Voici le document :

« Monsieur le Maréchal,

« Il y a de fortes présomptions pour que l'individu
qui prend le nom de Pontis et la qualité de Comte de
Sainte-Hélène, soit le condamné Pierre, Alexandre Coignard, évadé du bagne de Toulon. Il est bien à regretter que la police militaire, qui était parvenue à l'arrêter et
qui faisait une perquisition à son domicile, ait laissé
s'évader un individu de cette classe.

« Les détails que me donne votre lettre du 23 décembre
dernier m'ont décidé à faire rechercher, mais sans succès
jusqu'à ce jour, le soi-disant Pontis dans la capitale.

« J'ai ordonné l'insertion de son signalement sur la
feuille générale des individus dont l'arrestation est léga-
lement provoquée et si du concours de ces mesures la police générale obtenait un résultat satisfaisant, j'aurai
l'honneur d'en donner avis à votre Excellence. »

(Paraphe.)

(Archives Nationales.)

LA COUR DE L'ANCIENNE PRÉFECTURE DE POLICE

(Rue de Jérusalem)

innocent : le malheureux capitaine interrogateur baron de l'Horme de l'Ile qui fut
rendu responsable de la fuite du faussaire
et renvoyé de l'état-major, par ordre du
Roi, sur proposition (1) motivée du ministre
de la Guerre:

Cette décision lui fut notifiée par le maréchal Gouvion Saint-Cyr, le 14 janvier 1818,
en ces termes :

J'ai l'honneur de vous prévenir, Monsieur, que
par décision royale du 31 décembre 1817, vous
avez été remplacé à l'état-major de la 1re division

---

(1)   Paris, le 31 décembre 1817.
    « SIRE,

« J'ai l'honneur de proposer à votre Majesté de faire
remplacer à l'État-Major de la 1re division militaire, M. le
Capitaine Baron de l'Horme de l'Ile, qui par une négligence inexcusable, a laissé évader le nommé Coignard, se
disant Pontis, Comte de Sainte-Hélène, que le Lieutenant-
Général, Comte Despinois avait fait arrêter et qu'il avait
mis sous la surveillance de cet officier.

« Si V. M. approuve cette disposition, j'ai l'honneur de
lui présenter pour occuper à l'état-major de la 1re division
militaire l'emploi de M. de l'Horme, M. le Capitaine An-
selme Belloc-Stibal, officier réformé de l'État-major de la
Garde Royale.

« Je prie V. M. de vouloir bien me faire connaître ses
intentions sur ces propositions.

Le Mal. Secrétaire d'État de la Guerre,
        « Signé : GOUVION SAINT-CYR. »
    BON
    (Signé : LOUIS.)

(Archives du Ministère de la Guerre.)

et admis au traitement d'expectative à compter du même jour.

Vous voudrez bien, aussitôt la présente reçue, cesser vos fonctions et vous retirer dans vos foyers.

Je vous invite à me faire connaître le lieu de votre résidence afin que je puisse vous y faire payer de la solde d'expectative de votre grade.

Je suis, Monsieur... etc.

Le malheureux capitaine — déjà prévenu par le général Despinois — ne put que s'incliner devant le fait accompli.

Il adressa cependant un long mémoire (1)

(1) Extrait de la réclamation adressée par le Baron de l'Horme de l'Ile le 16 janvier 1818.

. . . .

« Pouvais-je m'attendre que l'on me rendrait responsable du manque de foi et de la subtilité d'un homme qui, à la vérité, par son évasion, a justifié les présomptions qui s'étaient élevées contre lui, mais qui, jusqu'à ce moment, et tant qu'il n'avait point produit ses pièces justificatives ne pouvait être considéré (ainsi qu'il m'avait été prescrit) *comme un prévenu sous le poids d'une accusation juridique ?* Pendant que j'étais occupé de la rédaction de mon susdit procès-verbal, M. de Pontis s'était mis en devoir de changer de linge et de vêtement ; il avait commencé par se déshabiller, *devant moi ;* mais, au moment de changer de linge, il entra dans l'alcôve dans laquelle son lit était placé et en retira sur lui la porte qui, jusqu'alors, était restée entr'ouverte. Je n'avais pu supposer que dans le fond de cette alcôve il existait *une petite porte dérobée,* couverte de papier peint et qui donnait issue dans une pièce voisine. Nous n'entendîmes point le bruit que M. de Pontis fit en ouvrant cette porte, mais s'il en eût été autrement, nous aurions pu supposer que c'était celui de la porte d'une armoire ; un quart de minute après que M. de Pontis fut entré dans son alcôve, j'entendis le bruit d'une porte que

justificatif au ministère; il fit agir de puissantes protections, il revint à la charge à plusieurs reprises... mais ce fut en vain.

l'on fermait avec violence dans l'escalier et par la distance de ce bruit, je m'aperçus bien que ce n'était pas la porte par laquelle nous avions pénétré dans l'appartement du sieur de Pontis, mais je ne pus cependant me défendre d'un sentiment d'appréhension que je m'empressais de communiquer au gendarme, *en lui ordonnant de descendre précipitamment, d'aller s'emparer de la porte cochère de la maison et de n'en laisser sortir qui que ce fût sans mon consentement.*

« J'entrai aussitôt dans l'alcôve où j'aperçus la petite porte dérobée dont j'ai parlé plus haut et après avoir visité successivement les autres pièces de l'appartement, je fus bientôt convaincu de l'évasion de M. de Pontis lequel était sorti de chez lui par la porte d'escalier donnant auprès de sa cuisine; aussitôt après cet événement, j'en dressais procès-verbal que j'envoyais de suite à mon général, il était signé de moi, du greffier, du gendarme, et de deux filles servantes de Mme de Pontis et je sentis aussitôt, ainsi que je l'ai déjà dit, que M. de Pontis venait, par sa fuite, de justifier tous les soupçons qui s'étaient élevés contre lui.

« J'étais bien certainement, comme chef de la police militaire, celui qui devait être le plus contrarié de sa fuite et le plus intéressé à son arrestation; mais encore une fois, j'étais loin de présumer que je pouvais être considéré comme *personnellement responsable de cet officier puisque j'avais avec moi, un gendarme dont c'était plutôt l'affaire que la mienne;* il n'y a donc eu de ma part, Monseigneur, ni torts, ni *imprévoyance; tout autre, à ma place, y eût été trompé comme moi,* surtout en ne perdant pas de vue que M. de Pontis, lorsque je me suis rendu chez lui, *n'était point encore dans la position grave dans laquelle il s'est placé depuis par son évasion.* Votre Excellence a sans doute été instruite des mesures de précaution que j'ai cru devoir prendre aussitôt après la fuite du dit de Pontis et je ne crains pas de dire qu'elles ont été de nature à justifier la confiance qui m'était accordée et qu'elles auraient eu pour résultat *l'arrestation de M. de Pontis* (qui n'avait pas encore eu, à ce que je pense, le temps de sortir de la maison et qui aurait été retrouvé dans l'intérieur), *s'il avait été*

La décision ne fut jamais rapportée... aussi ne dut-il pas conserver un très bon souvenir du lieutenant-colonel, auteur de tous ses maux.

*
* *

D'ailleurs ce lieutenant-colonel de Pontis, comte de Sainte-Hélène, n'existait plus : Pierre Coignard allait opérer sous un autre nom, comme nous allons le voir incessamment.

Oh! Ce ne sera pas pour longtemps, car

*possible à **M**. le Commissaire de Police du quartier de venir faire immédiatement une recherche domiciliaire, ainsi que je l'en avais fait prier avec instance ;* cette opération n'ayant pu être faite que le lendemain, ce temps a suffi pour protéger la fuite de M. de Pontis ; encore bien que les issues de sa maison aient été gardées par la gendarmerie sur ma réquisition depuis le moment de son évasion, il m'est facile de prouver, Monseigneur, par les agents employés sous mes ordres, que j'ai fait tout ce qu'il m'a été possible pour découvrir ledit de Pontis et que si je n'ai pu y réussir, c'est peut-être pour n'avoir pas été parfaitement secondé.

« On dit (à cet égard) que depuis que j'ai quitté l'État-Major, l'agent de la police militaire, nommé Thiebault, a trouvé dans Paris le sieur de Pontis, qu'il a arrêté et conduit chez le Commissaire de Police de la rue de Grenelle-Saint-Germain, lequel l'aurait fait remettre en liberté et s'est refusé à la demande qui lui a été faite par l'agent ci-dessus nommé de le faire conduire, soit à la Préfecture de Police, ou à l'État-Major Général de la 1re division militaire, où infailliblement le dit sieur de Pontis aurait été reconnu, le dit agent a fait un rapport par écrit au général pour l'informer de ce qui venait de se passer.

« Je vous prie, etc...

« Signé : DE L'HORME DE L'ILE. »

l'heure de l'expiation approchait... les mailles du filet se resserraient autour de l'aventurier.

Vidocq, son ennemi personnel, n'allait pas abandonner sa proie... mais il allait devoir y mettre le prix!

Pierre n'était pas un bandit ordinaire...

TROISIÈME PARTIE

L'EXPIATION

CHAPITRE PREMIER

CARETTE ET SA BANDE

Pierre n'était pas embarrassé par la crise du logement : vingt domiciles amis s'offraient à lui! C'étaient les repaires des comparses. Et, pendant que la brigade de sûreté surveillait les portes des villes, les grand'routes et les quais des ports d'embarquement, Coignard s'installait tranquillement dans la rue Saint-Maur, à la limite du Paris de l'époque, chez son ami Carette, dont il empruntait à la fois et l'abri et le nom. Quant aux papiers d'état civil, un vieux passeport de Carette maquillé allait lui en tenir lieu : il avait suffi au faussaire, en effet, de transformer « Carette en Carelle » et 28 ans en 48 ans.

Ce fut le retour aux beaux jours de la « firme » Cardon.

Toutes les anciennes connaissances affluèrent autour de la « maison Carette », qui devint le quartier général de cette troupe de bandits.

Et la jolie société « à capital et à personnel variables », comme l'on dirait au Palais, se mit immédiatement à l'œuvre pour le plus grand dommage des habitants de la ville : cambriolages par-ci, escroqueries par-là ; vols en plein jour; attaques nocturnes. Ce furent plaintes sur plaintes à la Préfecture de police, au début de l'année 1818.

L'un de ces méfaits fit même quelque bruit dans la capitale, tant à cause de la situation du volé que de l'audace déployée par le malfaiteur dans l'accomplissement de son forfait.

Il s'agissait en l'espèce du général espagnol Marti qui résidait alors à Paris, 64, rue Basse-du-Rempart. Pierre l'avait connu au temps de sa splendeur. Il chargea Carette de suivre sa trace et de retrouver son domicile et, le 31 décembre 1817, il envoya Rosa Marcen chez cet officier général. La belle Rosa fit annoncer Mme de Pontis, comtesse de Sainte-Hélène; elle portait une toilette élégante; elle était venue en voiture, suivie d'un domestique qui n'était autre qu'Alexandre Coignard.

Reçue par le général lui-même, à qui son

grand air et ses manières inspirèrent un profond respect, elle n'eut pas de peine à le convaincre qu'elle était la veuve d'un officier français, ancien émigré, dont elle avait une fille en bas âge.

D'ailleurs l'histoire de la fuite du pseudo-comte de Sainte-Hélène n'avait pas été ébruitée. Les autorités civiles et militaires ne voulaient laisser connaître la mystification dont elles avaient été victimes que si elles pouvaient, en même temps, annoncer l'arrestation du coupable. Rosa ne craignait donc rien : le général n'était pas au courant des derniers potins de Paris. Par contre, il se souvenait vaguement d'avoir connu le mari de sa belle visiteuse... aussi ne fit-il aucune difficulté pour offrir ses services à Mme de Pontis.

Rosa demanda au général l'adresse d'un certain général Mina qui commandait autrefois en Amérique un corps d'insurgés et dont elle escomptait la protection, ayant l'intention, ajoutait-elle, d'aller s'installer définitivement dans le nouveau continent.

Marti ne connaissait pas exactement l'adresse de Mina. Il la fit demander à un de ses amis par son domestique... et, en attendant la réponse, la visiteuse examinait sous cape les aîtres de la maison. Alexandre en faisait autant à l'extérieur.

Quand elle se jugea suffisamment renseignée, Rosa Marcen se retira... mais elle revint le lendemain 1er janvier 1818 remercier le général de son bon accueil. Ce dernier s'habillait. Elle attendit donc assez longtemps, seule, dans le salon. Ce jour-là non plus la compagne de l'aventurier ne perdit pas son temps ; elle procéda à un inventaire rapide de l'appartement.

La veuve de Pontis ne resta que quelques minutes en présence du général « ne voulant pas l'importuner »... mais cette visite de jour de l'an ne porta pas bonheur à Marti, car, le 28 janvier suivant, il était cambriolé.

Les cambrioleurs ne laissèrent aucune trace de leur passage ! Il ne put que porter plainte à la justice et constater ses pertes : 700 francs en or, de riches habits d'uniforme, de l'argenterie, du linge fin, trois croix de la Légion d'honneur !

*
* *

Cette fois, le comte Anglès, préfet de police, ne se perdit pas en conjectures sur la cause de cette recrudescence des méfaits dans la capitale ; il sut à qui s'en prendre ! Le pseudo-comte de Sainte-Hélène, recherché pour ses faux en matière d'état civil, le lieutenant-colonel en fuite, était maintenant le chef d'une habile bande de voleurs... responsable de tous ces maux.

Il fallait donc l'arrêter coûte que coûte.

Il chargea alors Vidocq, un de ses meilleurs limiers, de le retrouver et de le capturer. Ce n'était pas chose facile... car Pierre ne restait pas souvent en place! Il était toujours par monts et par vaux. A pied, en cabriolet, il parcourait les rues de la ville en quête de bons coups à faire, d'empreintes de serrures à prélever.

Avec son ami Carette, expert en la matière, il se chargeait de faire ensuite les fausses clefs nécessaires aux opérations projetées.

*
* *

Un jour cependant, le hasard mit le policier sur les traces de la bande; au cours d'une perquisition chez une voleuse arrêtée en flagrant délit, Vidocq apprit d'un locataire de la maison, que les voisins de palier de la prévenue étaient encore beaucoup plus suspects qu'elle, tant par leurs louches agissements que par les « ténébreux » personnages qui fréquentaient leur demeure.

« L'homme qui habite le plus souvent le logement, poursuivit le plaignant, ne sort jamais sans avoir fait explorer les environs, soit par sa femme, soit par un monsieur plus

jeune qu'il appelle son frère. Ces messieurs
ont l'allure assez distinguée, mais il est
impossible de savoir d'où ils viennent, qui
ils sont et quels sont leurs moyens d'existence. »

Vidocq résolut de mettre ces renseignements
à profit.

Dès le lendemain, déguisé en commissaire,
le policier vint frapper à la porte des voisins
si mystérieux.., mais personne ne répondit
à son appel. L'appartement semblait inha-
bité.

Vidocq perça la porte avec une vrille, et,
par le trou ainsi fait, inspecta la première
pièce servant d'antichambre. Elle était vide :
à terre, gisaient des débris de paille et de
toile d'emballage; l'ensemble indiquait une
fuite précipitée.

Le fin limier établit une souricière pendant
quelques jours. Mais les anciens locataires
se gardaient bien de venir se jeter dans la
gueule du loup. C'étaient des gens pru-
dents!

On fit ouvrir la porte du domicile, mais
il ne fut trouvé aucun indice nouveau pouvant être utilisé par la police.

Vidocq fut déçu, car il soupçonnait fort
ces curieux habitants d'être en étroits rapports avec la bande à Coignard.

Il ne se trompait pas.

Pierre désirant s'installer chez soi, et plus confortablement, avait quitté la rue Saint-Maur pour la rue des Francs-Bourgeois, dans le Marais, et c'est dans cet endroit même que Vidocq avait été appelé à faire une perquisition.

Cette opération ayant eu lieu sur le palier de l'aventurier, Pierre jugea prudent de disparaître, rapidement et nuitamment, d'une maison où fréquentaient les « argousins ». Mais Vidocq ne s'en tint pas là. Il demanda à un serrurier, ancien forçat libéré, nommé Lami, de renouer connaissance avec Coignard, de l'amener chez lui... et de prévenir la Sûreté.

Bien entendu, Lami ignorait la retraite actuelle de Pierre; néanmoins, il finit par le retrouver dans quelque lieu. Où et comment? Nous ne le savons pas. Quoi qu'il en soit, l'ex-colonel lui commanda deux clefs d'un modèle spécial, dont il avait besoin pour quelque expédition. Puis, au moment d'aller prendre livraison de sa marchandise, Pierre hésita... et ne se rendit pas au rendez-vous. Bien lui en prit. La maison du serrurier était gardée.

La trahison du bagnard n'avait rien rapporté à Vidocq.

Il fut plus heureux bientôt.

*
* *

En février 1818, on arrêtait, à 9 heures du
soir, un cambrioleur dans le bureau de
M. Richard-Montjoyeux, banquier, 17, rue
de la Paix, détenteur de la caisse de l'emprunt,
grâce à la vigilance du garçon Petit. Petit,
ayant vu de la lumière au cours d'une ronde,
pénétra dans la pièce et dérangea le malfaiteur qui, surpris, se sauva non sans avoir
renversé et terrassé le fidèle gardien. Mais
les cris poussés avaient attiré quelques personnes, dont le portier de la maison, qui
ferma aussitôt la porte cochère. L'intrus
avait beau crier lui-même « au voleur! »,
pour donner le change, il se trouvait pris au
piège et n'avait plus aucune résistance à
faire. Emmené à la Préfecture, il refusa de
donner son nom et son adresse, prétendit
qu'il était de bonne famille et victime d'une
erreur, qu'il n'était pas venu pour voler,
mais pour voir une jeune fille du nom d'Adèle
rencontrée sur les boulevards quelques jours
auparavant. Cette jeune fille habitait précisément 17, rue de la Paix, chez ses maîtres
— il ignorait leur nom et l'étage de leur appartement — et c'est en cherchant la porte
de sa dulcinée qu'il avait entendu crier « au
voleur! ». Pour ne pas compromettre la jeune

VIDOCQ

fille, il était entré « sans savoir comment »
dans le bureau de M. Richard-Montjoyeux.

Cette belle histoire ne résista pas à l'examen, car dans le bureau du banquier on
avait trouvé tout l'attirail du parfait cambrioleur. Et, pour comble de malheur... le
malfaiteur fut reconnu par quelques policiers qui se rappelaient l'avoir vu dans une
maison du Marché-Sainte-Catherine.

La vérification de domicile confirma les
dires des inspecteurs. A cette adresse, un
ouvrier chapelier, du nom d'Alexandre, avait
disparu depuis l'arrestation de l'inconnu de
la rue de la Paix. La prise était bonne. On
sut bientôt qu'il s'agissait d'Alexandre Coignard, frère et complice du célèbre aventurier
qui certainement avait été l'instigateur de ce
coup audacieux.

*
* *

Trois mois après, le 20 mai 1818, le repaire
de toute la bande allait être découvert,
grâce à une imprudence de son chef.

Au retour d'un déjeuner au Pré-Saint-
Gervais où s'étaient réunis, outre Pierre et
Rosa Marcen, Carette, Lexcellent et Soffiet,
Coignard eut l'idée de dévaliser deux mai-
sons dans le Sentier... ou ailleurs.

Pierre, laissant sa femme, monta en fiacre

avec ses complices et se fit conduire à quelques pas de la demeure de M. Dumoulin, riche négociant, qu'il comptait pouvoir cambrioler facilement grâce à son trousseau de fausses clefs en parfait état de « fonctionnement ».

Coignard s'introduisit seul. Carette fit le guet. Soffiet et Lexcellent restèrent dans la voiture aux abords de la rue du Gros-Chenêt.

Mais M. Dumoulin se trouvait à l'étage supérieur. Attiré par le bruit, il vit par-dessus la rampe un individu en train de crocheter sa serrure. Il attendit une minute avant de descendre; cette minute fut suffisante à Pierre pour percevoir le bruit d'une respiration.

Il s'interrompit d'abord, puis, tout à coup, jugea prudent de déguerpir.

M. Dumoulin descendit à son tour rapidement et, venant sur Coignard, lui demanda brusquement ce qu'il venait faire dans cette maison.

Pierre hésita... puis répondit par une interrogation à l'adresse du riche négociant. Il était, disait-il, chargé de lui demander du papier pour Toulouse.

Cette « histoire » ne fut pas du goût de M. Dumoulin, aussi Coignard, un peu démonté, ajouta que les personnes qui l'avaient chargé de cette commission étaient à deux pas dans une voiture.

Cette réponse imprudente devait lui coûter cher, car le négociant, accompagné d'un domestique qui l'avait rejoint, décida de voir ces personnes.

Tous trois s'acheminaient donc vers le fiacre, lorsque Pierre brûla la politesse à son escorte : dès le seuil, il se précipita vers la voiture suivi de Carette, en criant au cocher de partir vivement vers la rue de Cléry.

Mais le démarrage fut trop lent : M. Dumoulin eut le temps de rejoindre la voiture, et somma le cocher de s'arrêter.

Au même instant, Pierre et ses amis, se voyant pris, sautaient par l'autre portière. Renversant tous les obstacles, ils disparurent rapidement par la rue voisine... mais Lexcellent, moins agile qu'eux, fut fait prisonnier.

Conduit au commissariat, il ne voulut rien avouer tout d'abord, mais, pressé de questions et fouillé minutieusement, il finit par indiquer son domicile rue Saint-Maur.

Le commissaire s'y rendit sur-le-champ.

*
* *

Pierre était revenu en hâte à sa demeure, accompagné de Carette et de Soffiet.

Son premier soin fut de s'informer auprès de Rosa Marcen si Lexcellent était de retour.

La réponse ayant été négative, Coignard alarmé, à juste titre, résolut de déménager immédiatement. On se mit à faire rapidement les malles, mais l'opération n'était pas terminée lorsque le représentant de la loi arriva. Pierre l'aperçut et ne l'attendit pas : il se sauva par la fenêtre suivi de ses deux complices, en emportant de l'or, des papiers, des armes et la boîte à bijoux que Rosa Marcen lui jeta par la croisée.

Pendant ce temps, le magistrat cognait et criait à la porte en déclinant ses nom et qualité.

La domestique — qui n'était autre que la maîtresse de Lexcellent — lui cria, à travers l'huis, qu'elle n'avait pas la clef et qu'il voulût bien attendre une minute, le temps « d'aller la demander à Madame ».

Mais la minute se prolongeait — et le commissaire s'impatientait et menaçait.

Cependant, la soubrette finit par ouvrir et s'excusa de ce retard involontaire : « Un enfant ayant perdu la clef, en jouant », dit-elle.

Le magistrat se calma, pénétra dans l'appartement et commença ses recherches avec son secrétaire.

Le gendarme qui l'accompagnait resta à la porte.

Il apprit d'ailleurs de Rosa Marcen qu'il n'était pas chez Lexcellent, mais chez le comte de Sainte-Hélène, que la personne inquiétée par la police n'était que leur sous-locataire et habitait à l'étage du dessous.

Rosa Marcen croyait ainsi se dégager du commissaire, en faisant sonner bien haut le titre et la particule, mais, en réalité, elle venait de commettre une imprudence fatale pour son mari! Car le magistrat ne manqua pas de consigner le nom d'un tel personnage dans son rapport sur la perquisition.

Non seulement Lexcellent fut maintenu sous les verrous et inculpé de vol à la suite de cette visite domiciliaire, mais Vidocq fut mandé en hâte au bureau de M. Henry, chef de la 2e division, pour aller procéder lui-même à l'arrestation de la pseudo-comtesse de Sainte-Hélène.

Quant au commissaire, il fut réprimandé de n'avoir pas eu souvenance que ce nom si ronflant cachait un bandit signalé par dépêche à toutes les polices de France.

Vidocq allait faire mieux.

CHAPITRE II

VIDOCQ

C'était le digne pendant de Pierre Coignard, dans un autre genre. Et si ce diable s'était fait ermite en entrant au service de la Préfecture de police, il n'avait cependant jamais dépouillé complètement « le vieil homme », pas plus que le lieutenant-colonel de Pontis ne s'était détaché du forçat Coignard.

La littérature populaire a entouré le nom de Vidocq d'une auréole sentimentale ; n'est-on pas allé récemment, après en avoir fait un « bon forçat » digne des *Misérables*, jusqu'à le présenter comme une victime innocente cherchant dans son métier de policier l'apaisement des souffrances d'un cœur paternel torturé de la perte de ses enfants ! On nous excusera de découronner, au profit de la sévère réalité, cette tête que d'aucuns voudraient charmante ou terrible, et qui ne fut même pas toujours douée de la pénétration infaillible que le peuple accorde si volontiers aux auxiliaires de la police.

Né à Arras, à peu près à la même époque que Pierre, Vidocq déroba dans sa jeunesse 2.000 francs à son père, honorable boulanger de cette ville. Puis il s'enfuit à Ostende, à destination de l'Amérique. Dépouillé en cours de route, réduit à la misère, il erra avec des vagabonds, puis retourna à Arras. Son père le fit engager. A la suite d'une querelle, il déserta, alla prendre du service en Autriche, revint en France, se maria. Incorporé à nouveau en Belgique, il devint lieutenant, puis vécut au milieu d'escrocs. Il vint à Paris en 1796, fut condamné à Lille pour voies de fait envers un officier, ensuite emprisonné comme faussaire. Envoyé au bagne de Brest, il s'évada. Repris, il s'échappa à nouveau. Emprisonné à Arras, peu de temps après, il disparut encore. Connaissant bien les milieux de repris de justice et las de la vie qu'il avait menée, il offrit ses services au baron Pasquier, préfet de police, qui les accepta en 1809.

C'était l'époque où, par une extension un peu forcée de la théorie des compétences, les chefs de la Préfecture pensaient que pour bien connaître les bandits, il fallait l'avoir été soi-même. De là cette singulière idée de faire des gardes-chasse avec des braconniers, des policiers avec des forçats et de recruter les gardiens de l'ordre dans les fauteurs de désordre les plus endurcis, au risque de cruelles mésaventures qui ne manquèrent pas de se produire et jetèrent sur le service de sûreté un discrédit lent à se dissiper. Il nous a paru qu'il n'était pas inutile, à raison des conséquences de cette théorie funeste, d'entrer dans quelques détails sur la manière dont elle fut appliquée à l'origine.

Donc, M. Henry, chef de la 2e division, ayant constaté l'exactitude des renseignements que lui offrait Vidocq, n'hésita pas à se l'attacher et même, mis en goût, à lui donner la direction d'un service d'indicateurs recrutés dans le même monde.

A la fin de 1814, le nombre de ces agents particuliers était de sept, au traitement de 1.200 francs par an, y compris Vidocq qui les dirigeait, rédigeait les rapports journaliers et dont les émoluments annuels étaient, pour ces raisons, un peu plus élevés (1.800 fr.).

A leur sujet, M. Henry, écrivait ce qui suit au directeur de la police du royaume, le 7 septembre :

Ces individus sont de la plus grande utilité pour

la police de sûreté dans Paris, surtout après une guerre désastreuse qui, ayant heureusement cessé, a ramené dans cette capitale un grand nombre de malfaiteurs qui ne manqueront pas de se rendre redoutables dans le cours de l'hiver qui approche.

J'ai d'autres agents qui se trouvent, les uns dans les prisons et les autres dans la société ; ceux-ci sont véritablement des agents secrets qui ne consentent à donner des renseignements sur les auteurs des crimes ou délits parvenus à leur connaissance, pour en faciliter la capture, qu'à condition que personne n'en aurait connaissance. Ils viennent le soir, en m'envoyant leurs femmes ou maîtresses, pour me faire part de leurs découvertes s'ils ne peuvent m'écrire. Ils ne reçoivent leur récompense qu'après les captures et saisies faites des objets volés, et tous ensemble ne coûtent guère que 1.200 francs dans l'année.

Les mémoires de frais des sept agents particuliers de sûreté peuvent coûter dans l'année environ 500 à 600 francs.

Ainsi la dépense totale de ces auxiliaires précieux, des officiers de paix et inspecteurs des quatre brigades de sûreté peut être portée approximativement à 10.560 francs.

J'ai l'honneur de faire observer au magistrat que Vidocq, qui dirige les six autres et qui se montre sous toutes sortes de costumes, sollicite une augmentation de traitement et désirerait être porté à 200 francs par mois, au lieu de 150 francs.

Il voudrait aussi voir porter l'indemnité des six autres agents à 4 francs par jour, au lieu de

3 francs, attendu qu'ils sont obligés d'être une grande partie des nuits sur pied et qu'ils font un métier bien dangereux pour leur propre sûreté; ce qui porterait alors la dépense de leur traitement à 12.620 francs au lieu de 8.760 francs.

Si S. E. M. le directeur général de la police du royaume pouvait leur accorder cette amélioration de leur sort, la chose publique ne pourrait qu'y gagner.

Signé : Henry.

En 1816, ces « spécialistes » furent portés à douze, par les soins de M. Theury, le nouveau chef de la 2e division de la préfecture de police.

Mais l'utilisation de ces repris de justice n'allait pas sans heurt. Il y avait, en effet, quelque inconvénient à faire déposer en justice des agents qui ne valaient pas mieux que les accusés.

Malgré tout, à partir de 1817, cette douzaine d'indicateurs fut reconnue « semi officiellement ». Leur chef, Vidocq, avait ses bureaux, près de la préfecture, Petite-Rue-Sainte-Anne (1). Il jouissait alors d'une grande célébrité.

Son étoile pâlit vers la fin de la Restauration et le 21 juin 1829, son second Lacour

_____

(1) Plus tard, vers 1832, ces bureaux furent transférés dans l'hôtel préfectoral, rue de Jérusalem.

lui succéda.... pas pour longtemps d'ailleurs, car le 28 septembre 1830 cette brigade céda la place à une autre composée cette fois d'inspecteurs de police, du cadre normal, détachés au service de la sûreté. Placée sous les ordres d'un officier de paix et sous l'autorité du chef de la 2ᵉ division, elle se composait de trois brigadiers et de douze inspecteurs.

Puis, par un brusque revirement auquel la politique ne fut pas étrangère, Vidocq revint en grâce, et fut nommé chef de cette brigade, par arrêté du 31 mars 1832, en remplacement de l'officier de paix Hebert rendu à la police municipale.

Cette situation fut éphémère, car il dut démissionner le 17 novembre de la même année.

Les mauvais côtés, l'immoralité révoltante du système « qui consistait à faire surveiller par des voleurs éhontés leurs acolytes », avaient en effet frappé le préfet de police, M. Gisquet.

Après avoir fait démissionner Vidocq, il prononça le même jour la dissolution de la fameuse brigade.

La nouvelle, dénommée « service de sûreté », ne pouvait admettre dans ses rangs aucun repris de justice ou individu ayant subi la plus légère condamnation.

Préfecture de Police.

Secrétariat-général.

2ᵉ Section

Paris, le 31 Mars 1832

Nous, Préfet de Police,

Arrêtons ce qui suit

Art 1ᵉ

Le Sʳ Vidoc (Eugène François) est nommé Chef de la brigade de sûreté, en remplacement du Sʳ Gisbere, officier de paix qui passera dans le service de la Police municipale, à compter du 1ᵉʳ avril prochain, avec le traitement de fr. 300ᵗ imputable sur le crédit affecté à ce service

Le Sʳ Vidoc, recevra à compter du dit 1ᵉʳ avril un traitement de 6.000ᵗ sur le crédit du service de Sûreté

Art 2

Le Secrétaire général et le chef de la comptabilité sont chargés de l'exécution du présent arrêté

Le Conseiller d'État, Préfet,

Gisquet

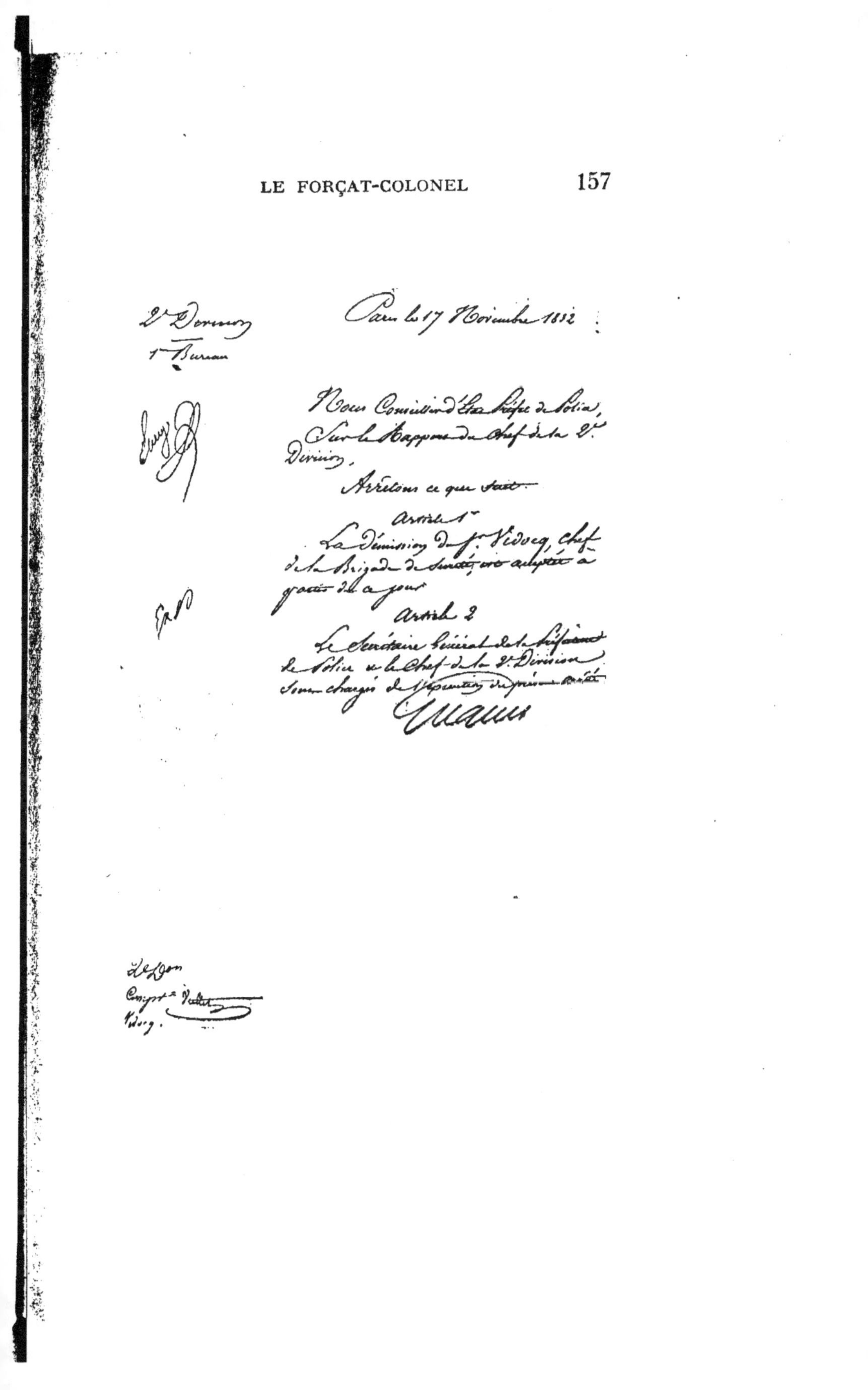

M. Gisquet raconte lui-même, de la façon suivante, cette nouvelle orientation de la Préfecture :

. . . .

Cette réforme était devenue nécessaire pour établir une moralité désirable dans toutes les branches de l'administration. Je n'ai pas voulu que l'autorité restât exposée plus longtemps à se voir représentée en justice par des hommes qui, frappés d'une condamnation antérieure, ne pouvaient plus être entendus sous la foi du serment.

J'organisai donc la brigade de sûreté sur des bases nouvelles. J'ordonnai le renvoi immédiat de tout employé déjà atteint par un jugement quelconque, et décidai qu'à l'avenir on n'admettrait au nombre des agents ostensibles que des hommes d'une excellente conduite.

Il serait superflu d'expliquer que cette mesure s'étendît à toutes les parties de l'administration; il ne pouvait pas en être autrement, puisqu'elle était applicable même à la brigade de sûreté.

Cette brigade fut, dès lors, composée d'un certain nombre d'hommes irréprochables par leurs antécédents, qui reçurent leur nomination, comme tout autre employé de la police, en vertu d'un arrêté signé de moi et avec le titre d'inspecteurs.

J'ai déjà rappelé que précédemment il n'en était pas ainsi : la brigade de sûreté restait en dehors du cadre des employés. Les hommes qui la composaient dépendaient exclusivement du chef de ce service qui les nommait et les renvoyait de son autorité privée.

Le préfet et même les bureaux ignoraient à peu près tout ce qui se rattachait aux détails d'intérieur de cette brigade. *Je laisse à penser combien d'abus pouvaient se commettre, combien de choses se passaient à l'insu du préfet, qui étaient pourtant de nature à compromettre sa responsabilité.*

Ainsi furent remis à leur place, c'est-à-dire dans l'ombre d'où ils n'auraient jamais dû sortir, les indicateurs du service de sûreté : ainsi furent rétablies la probité et l'honorabilité du corps officiel.

Quant à Vidocq, après avoir connu la célébrité, après avoir acquis une certaine fortune par des moyens plus ou moins honnêtes, il finit par vivre d'expédients après sa sortie de la Préfecture de Police.

Réduit à publier ses *Mémoires*, pour en tirer quelque argent, roulé, semble-t-il, par des rédacteurs anonymes — qui firent éditer pour leur compte personnel des notes complémentaires sur sa vie à la Sûreté » — Vidocq mourut dans la misère.

Mais revenons à Pierre Coignard.

En 1818, Vidocq avait encore la réputation d'être le meilleur policier du royaume. L'arrestation de Pierre Coignard allait jeter un lustre nouveau sur son nom.

CHAPITRE III

L'ARRESTATION

Déguisé en fort de la halle, accompagné d'une dizaine d'agents, Vidocq gagna la rue Saint-Maur. Il fit cerner par sa petite troupe la maison habitée par Coignard.

Pénétrant dans l'appartement, le policier découvrit bien tout un atelier pour la fabrication de fausses clefs, des objets volés, bijoux, étoffes, œuvres d'art, etc., etc., mais il ne trouva pas au nid Rosa Marcen. Elle n'était pas loin pourtant.

A l'approche des argousins, elle avait pris la clef des champs... c'est-à-dire qu'elle s'était jetée dans la vigne qui entourait la petite maison de la rue Saint-Maur. Mais son bonnet fut aperçu à travers les ceps et au-dessus des échalas qui entouraient la demeure de l'aventurier.

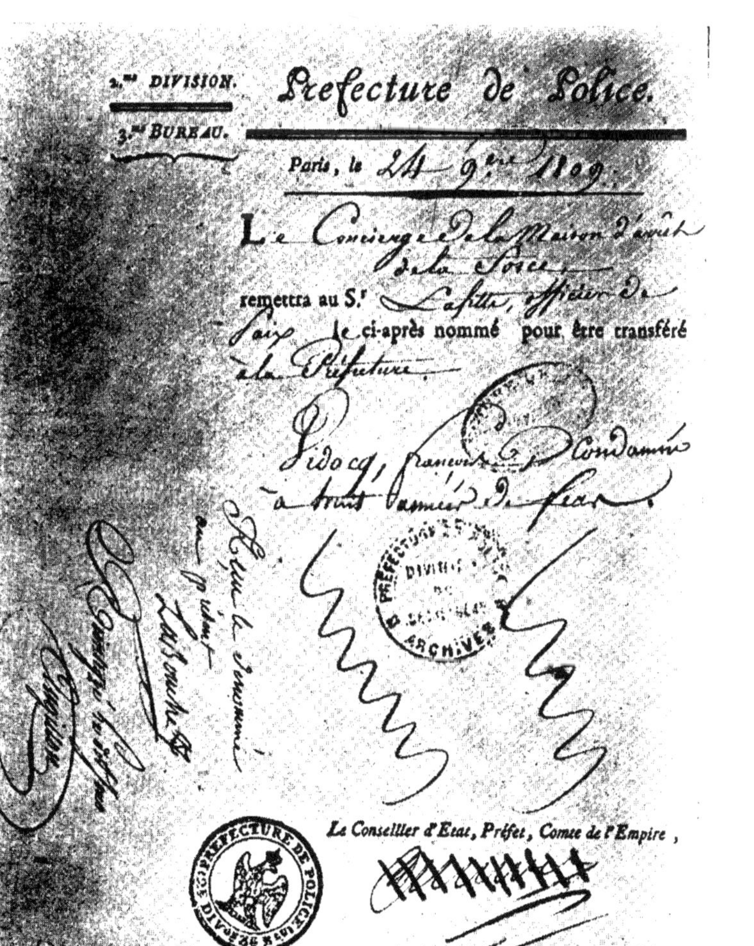

INCARCERATION DE VIDOCQ

Rattrapée, ramenée malgré sa résistance au logis abandonné, Rosa prit tout de suite un air hautain qui contrastait étrangement avec sa position.

Elle ne voulait pas rester dans la chambre où se trouvaient les agents, « une femme de son rang ne se commettant pas avec des mouchards ». A quoi Vidocq lui répondit grossièrement, suivant son habitude, qu'elle n'avait pas de rang « si ce n'est au carcan » et qu'elle avait le tort de faire la fière avec lui, le petit-fils d'un tailleur d'Arras qui la valait bien, elle, fille d'un tailleur de Saragosse.

... Et mêlant l'injure à l'argot de bas étage, le policier continua à l'invectiver durant toute la confrontation... mais Rosa Marcen conserva tout son calme et toute sa dignité de « grande dame espagnole ». Elle ne répondit pas à l'insolent. Elle se confina dans une telle attitude de dédain, que le commissaire de police adjoint à Vidocq se crut obligé de l'appeler « Mme la Comtesse » jusqu'à son départ.

N'ayant rien pu tirer de la femme quant à la retraite du mari, le limier jugea prudent de faire monter du renfort dans la maison, d'autant plus qu'il avait aperçu sur la table des balles, de la poudre et qu'il savait l'aventurier de taille à se défendre jusqu'à la mort.

Après avoir inspecté coins et recoins, il sortit, non sans avoir eu le soin d'aposter quelques hommes derrière chaque porte.

Puis il envoya flâner dans le quartier un certain nombre d'agents diversement déguisés... et dressa un plan de campagne.

*
* *

Vidocq connaissait l'amour de Coignard pour sa femme et son fils en bas âge. Il présumait que l'aventurier inquiet de leur sort viendrait rôder autour de la maison dès qu'il serait averti par quelque camarade du départ de la police.

Il résolut de lui tendre un piège. Renseigné par un de ses argousins sur la présence de trois individus qui, des hauteurs de Ménilmontant, examinaient le pavillon de la rue Saint-Maur à l'aide d'une lunette d'approche, le policier fit mine de s'éloigner définitivement avec sa troupe de la demeure habitée par Pierre... mais, en réalité, il ne fit que dissimuler aux regards des curieux ses précieux auxiliaires.

Puis on attendit...

Comme il n'y avait rien de nouveau, vers 11 heures du soir, Vidocq décida d'en finir, d'autant qu'une méprise pouvait être fatale à l'opération. Déjà l'arrestation de deux promeneurs, qui se trouvèrent des officiers habillés en civil, avait failli gâter toute l'affaire.

Le policier quitta sa retraite et pénétra furtivement avec un de ses hommes dans la chambre inoccupée de Rosa Marcen, qui fut gardée à vue dans une autre pièce.

Là, ayant pris des chiffons dans les armoires, il en fit une poupée à peu près de la grandeur d'un enfant de 3 ou 4 ans, c'était l'âge du petit Coignard. Puis il tira de la garde-robe de Rosa Marcen des vêtements de femme dont il vêtit l'agent qui l'accompagnait.

Ensuite, il éclaira la pièce de façon que l'intérieur du logis pût être aperçu de très loin.

L'inspecteur déguisé en Rosa Marcen s'approcha ostensiblement de la croisée avec la poupée dans ses bras — tout en l'embrassant — fit le signe de venir, indiquant par gestes que l'heure du danger était passée.

Un léger coup de sifflet parvint même aux oreilles de Coignard pour l'engager à rejoindre son domicile.

Il était alors avec Soffiet : celui-ci le retint le plus longtemps possible mais, à la fin, l'aventurier, n'écoutant que son courage et son instinct paternel, résolut de rejoindre les siens sans plus tarder.

Après avoir poussé une reconnaissance qui n'avait signalé rien d'anormal, Coignard et son fidèle ami se mirent en marche dans la direction du pavillon.

Malgré leurs précautions, ils furent entendus des policiers cachés dans tous les coins. Reconnus par les premiers qu'ils rencontrèrent, ils furent assaillis brusquement et par derrière. En même temps, les agresseurs jetaient des appels qui firent accourir toute la brigade et, en un clin d'œil, les deux bandits furent maîtrisés. Cependant des coups de feu étaient tirés. Fourchet, l'un des policiers, eut la main gauche traversée par une balle... mais, malgré leur résistance, Coignard et Soffiet ne tardèrent pas à succomber sous le nombre. Liés et garrottés, ils furent conduits au commissariat le plus proche. On saisit sur l'aventurier une paire de pistolets de poche espagnols, une bourse contenant 3.200 francs en or, deux superbes cachemires qu'il avait enroulés autour de son corps, une montre en or, et la riche croix de la Légion d'honneur dérobée au lieutenant général Marti.

*
* *

A l'interrogatoire aux fins d'identité que lui fit subir le commissaire, Coignard se désigna sous le nom de Pontis, comte de Sainte-Hélène. Il nia être l'ancien forçat échappé du bagne de Toulon, en 1805, de même qu'il nia avoir tiré un coup de pistolet sur les agents, au moment de l'arrestation.

Sur ce dernier point, il n'avait pas tort. L'enquête prouvera par la suite que la balle qui traversa la main de Fourchet provenait d'une arme appartenant à Vidocq.

Ce dernier avait, en effet, fait feu, pendant la courte lutte pour faire croire à une capture périlleuse à laquelle il aurait contribué personnellement... mais dans son trouble, ou dans sa maladresse, il ne réussit qu'à blesser un de ses hommes. Le rapport qu'il fit à ses chefs n'en mettait pas moins la blessure de Fourchet au compte de Coignard (1).

Pierre fut conduit au Dépôt.

Le préfet de police ne manqua pas d'aviser

---

(1)   Paris, *le 22 mai 1818.*

BUREAU DES OFFICIERS
     DE PAIX

RAPPORT.

« Le nommé Coignard qui, sous le nom de Pontis, comte de Sainte-Hélène, a été, il y a 15 mois, commandant de la Légion de la Seine, évadé des fers, voleur fameux, a été arrêté la nuit dernière à minuit.

« Le sieur Fourché, l'un des agents de la Brigade de Sûreté de Vidocq, a été blessé à la main d'un coup de pistolet et eût été tué d'un autre coup si le second pistolet n'eût pas raté. »

immédiatement son ministre de l'arrestation sensationnelle par une longue lettre conçue dans la forme administrative la plus pure.

C'est ainsi que le rédacteur exposait à nouveau toute la genèse de l'affaire, avant d'en arriver au fait de la capture. Et ce n'est qu'après avoir rappelé l'évasion du lieutenant-colonel à la suite de l'interrogatoire du général Despinois, qu'après avoir narré les vols commis chez le lieutenant général Marti, chez la veuve Lefèvre, chez le banquier de la rue de la Paix, chez le négociant du Sentier, qu'il jugea utile d'entrer dans le vif du sujet : à savoir la perquisition au « repaire des brigands » et la prise de la rue Saint-Maur. Et le récit, un peu trop dramatique (1), de cette prise, reproduisait natu-

(1) Extrait du compte rendu du comte Anglès, en date du 22 mai 1818.

« ...Aussitôt que je fus informé de cet événement, je prescrivais une surveillance à un certain nombre de mes agents dans les marais et ruelles avoisinant le logement de ces individus, afin de les arrêter dans le cas où ils viendraient pendant la nuit. Une méprise faillit faire manquer la capture importante que ces agents parvinrent à faire. C'est l'arrestation qu'ils firent d'abord, dans l'obscurité, de deux officiers qui passaient isolément, en habit bourgeois, vers 11 heures du soir, et dont un était armé de deux pistolets et de son sabre, ainsi qu'il l'est tous les jours pour rentrer chez lui, afin de se défendre en cas d'attaque, mais ils furent aussitôt relâchés, lorsque l'erreur fut reconnue. Quant au nommé Coignard qui était aussi armé de deux pistolets, il opposa une vigoureuse résistance aux agents qui se présentaient devant lui, il tira même sur eux ses deux pis-

rellement les erreurs volontaires du rapport de Vidocq.

Malgré tout, cette lettre était suffisamment
précise pour servir de base à l'instruction
de l'affaire et c'était là le principal.

Du 23 mai au 1er juin, les journaux de
l'époque s'occupèrent presque exclusivement
de l'arrestation de Coignard et des exploits
« du comte de Sainte-Hélène ».

Le *Moniteur universel*, comme les *Débats*,
en profitèrent pour vanter les mérites de la
brigade dirigée par Vidocq. C'est ainsi, notamment, qu'on représenta les agents aux
prises avec trois bandits alors que Coignard
n'était assisté, en réalité, que du seul Soffiet.

Les autres membres de la bande — outre
Rosa Marcen — ne furent arrêtés, qu'un
par un... et par la suite, le 3 juin suivant,
on mit encore la main « sur un jeune homme
de 28 ans, habitant en garni rue du Bac »,
diront les grands quotidiens du temps.

D'une façon générale, l'histoire de « M. de
Pontis » était assez bien racontée, mais elle

tolets et les eût infailliblement tués, puisqu'il tirait dessus à
bout portant, si l'une de ses armes n'avait raté et si l'autre
n'avait été vivement détournée de sa direction par la main
gauche de l'un de ces agents, mais la balle lui passa à travers la main et lui en détacha le pouce. Ce ne fut qu'à
l'aide d'autres agents apostés plus loin qu'on parvint à s'en
rendre maître et à l'amener devant le Commissaire de Police, ainsi que l'un de ses complices... »

fourmillait d'erreurs. La légende de Rosa
Marcen « au service du comte de Sainte-
Hélène mort en Espagne » s'y trouvait bien
entendu... elle expliquait si facilement les
choses! sans obliger le reporter à chercher
plus loin la vérité.

Le *Moniteur* du 31 mai 1818 annonçait
le transfert de Coignard de la Conciergerie
à la Force.

Les blessures reçues par l'aventurier à
la face, au cours de son arrestation, étant
guéries, la justice allait pouvoir instrumen-
ter (1).

(1) Le compte rendu du procès que l'on trouve dans les
chroniques et dans les quotidiens de l'époque, a été re-
produit dans les *Mémoires de Vidocq*, mais avec certaines
erreurs, notamment en ce qui concerne le rôle du policier
dans cette affaire.

CHAPITRE IV

LE JUGEMENT D'IDENTITÉ

Dès que le ministre de la Guerre eut connaissance de l'arrestation de Pierre Coignard, il donna l'ordre de poursuivre l'usurpateur devant les tribunaux ordinaires, par dépêche ministérielle en date du 25 mai 1818.

Deux jours après, le garde des Sceaux, baron Pasquier, avisait son collègue, le ministre de la Police générale, qu'il avait reçu du Département de la Guerre le dossier de « l'ex-lieutenant-colonel » et lui demandait, en même temps, si le prévenu pouvait être mis à la disposition du procureur général.

Le comte Descazes, à son tour, priait le préfet de police de lui fournir les renseignements demandés par le garde des Sceaux et profitait de l'occasion pour féliciter les agents ayant coopéré à l'arrestation du coupable. »

La réponse ne se fit pas attendre : par retour du courrier le ministre était avisé que les blessures de Coignard étaient guéries et que six de ses complices se trouvaient actuellement sous les verrous, savoir : Alexandre *Coignard*, garçon chapelier, frère du précédent; Jacques-Étienne *Soffiet*, piémontais; Louis *Excellent*, ex-limonadier; *Carette*, *Massonnier* et la femme *Marie-Rose Marcen*, dite comtesse de Sainte-Hélène.

La réponse indiquait, en outre, que les confrontations avaient tourné à la confusion des inculpés, tant pour les vols déjà commis que pour ceux alors en voie d'exécution comme le cambriolage de la caisse de Poissy.

Le comte de Sainte-Hélène avait été également reconnu, disait-on, par quatre forçats libérés du port de Toulon, pour être Pierre Coignard. Et le préfet de police ajoutait enfin que la procédure serait terminée le lendemain et transmise à M. le procureur du roi près le tribunal de 1ʳᵉ instance de la Seine.

Le Garde des Sceaux était donc en tous points renseigné. Il transmit alors au procureur général (1) le dossier du « lieutenant-

(1) Au Procureur Général en la Cour Royale de Paris.

« Monsieur,

« Je vous transmets ci-joint un dossier concernant le

colonel » en lui donnant ordre de poursuivre l'inculpé, à raison des faux dont il se serait rendu coupable. Il lui prescrivit également de faire constater avant tout son identité avec l'ex-forçat Pierre Coignard.

*
* *

En exécution de cet ordre, le Ministère public allait requérir l'application des ar-

nommé Pierre-Alexandre Coignard se disant de Pontis et se qualifiant de Comte de Sainte-Hélène. qui a été arrêté depuis peu de jours par les services de la police. Il paraît résulter de ces pièces que cet individu, au moyen de papiers fabriqués ou usurpés, s'était fait admettre dans la Légion de la Seine, avec le grade de Chef de bataillon et qu'il avait obtenu successivement les décorations de Saint-Louis et de la Légion d'Honneur et le brevet de Lieutenant-Colonel.

« Je vous recommande de prescrire les mesures nécessaires pour que l'individu dont il s'agit soit poursuivi conformément aux lois à raison des faux dont il se serait rendu coupable.

« Je vous fais observer qu'il paraît également résulter des pièces que je vous communique, que ce Coignard est le même qu'un individu de ce nom, ancien maître d'armes, qui aurait été condamné, le 18 novembre 1800, à 14 ans de fers pour vol caractérisé et qui se serait évadé du bagne de Toulon, le 27 juillet 1805.

« Il sera donc nécessaire de faire constater avant tout l'identité du prévenu avec l'individu qui aurait subi la condamnation dont il s'agit pour que, dans le cas où il serait acquitté, il soit reconduit au bagne pour y achever la peine des 14 ans de fers et qu'en cas de condamnation nouvelle on puisse lui appliquer s'il y a lieu la peine de la récidive.

(Paraphe.)

(Archives du Ministère de la Justice.)

ticles 518 et 519 du Code d'instruction criminelle, relatifs à « la reconnaissance de
l'identité des individus condamnés, évadés
et repris ».

Pierre ayant été condamné par la Cour
d'assises de la Seine une première fois, c'est
à la même Cour qu'il allait être déféré et
jugé... mais cette fois sans l'assistance de
jurés, conformément à la loi.

Toutes les administrations firent diligence
pour transmettre au Parquet pièces et dossiers de nature à éclairer sa religion.

Dans leur zèle elles allaient jusqu'à lui
fournir des renseignements ne concernant
pas l'inculpé.

C'est ainsi que la police fit parvenir à la
justice un extrait des chiourmes du port de
Brest relatant l'évasion d'un Coignard du
bagne de cette ville, alors qu'il s'agissait
en l'espèce de Louis, le faux Cardon, et non
de notre « lieutenant-colonel » qui, lui,
comme nous le savons, était échappé du
port de Toulon.

Il est juste d'ajouter à la décharge des
services du comte Descazes que cette erreur
était tout à fait excusable étant donné que
Louis avait, à cette époque, emprunté l'état
civil de son frère Pierre, comme nous l'avons
raconté en son temps.

Quoi qu'il en soit, cette inexactitude

n'était pas de nature à changer le cours du procès.

Pendant ce temps, le pseudo-comte de Sainte-Hélène se distrayait comme il pouvait à la Force, entre deux interrogatoires et confrontations. Il aimait à bavarder et à étonner son auditoire. Sa vanité lui faisait même commettre quelques imprudences. C'est ainsi qu'au cours d'une promenade dans la grande cour de la prison, il dit à son camarade de détention Degend :

— Vous voyez bien cet exhaussement de muraille, eh bien! il a été fait pour moi... je veux dire, pour ce fameux Coignard, avec qui on cherche à me confondre... c'est par là qu'il voulut s'évader il y a dix-huit ans...

C'était exact. Lors de sa première arrestation, Pierre et vingt-six de ses co-détenus s'étaient enfuis du bâtiment neuf de la Force. Quelque temps après, le bandit avait été repris.

Pour se venger des désagréments que lui avait causé cette fuite, un gardien-concierge rancunier et cruel lui avait fait administrer tant de coups que Pierre n'échappa que par miracle à la mort et cela grâce à sa robuste constitution. Il en conserva tout de même de nombreuses cicatrices qui firent l'objet d'un signalement spécial à son arrivée au bagne de Toulon, en 1801.

Elles s'effacèrent à la longue... entre autres les balafres du visage... Coignard en tirera argument plus tard pour essayer de prouver qu'il n'avait rien de commun avec l'ancien forçat.

Quant aux marques indélébiles, elles avaient été indiquées par le faussaire, comme autant de blessures glorieuses reçues face à l'ennemi, sur les états de services militaires qu'il s'était fabriqués.

On conçoit que Pierre ait conservé un mauvais souvenir de cette correction... même dix-huit ans après !

*
* *

Pierre comparut devant les assises de la Seine le 3 juillet 1818.

La justice militaire s'était en effet dessaisie de l'affaire au profit de la justice civile chargée avant toutes choses d'établir « l'identité » du prévenu avec l'ex-forçat évadé du bagne de Toulon.

Coignard aurait pu se présenter devant l'auditoire en tenue d'officier, semble-t-il. Sa belle prestance, son air martial et ses multiples décorations ne pouvaient qu'influencer favorablement les juges.

Tout au contraire, les spectateurs virent arriver un « civil » de mise un peu négligée. Ils furent déçus.

Comment se fait-il qu'un comédien de la force de Pierre ait oublié ce détail? Peut-être... et tout simplement parce qu'aucun uniforme n'avait été laissé à sa disposition. D'ailleurs, lors de son arrestation, il était en « tenue bourgeoise »... et pour cause. Or, à cette époque, les prévenus ne communiquaient pas avec l'extérieur comme de nos jours et les avocats n'assistaient pas leurs « clients » à l'instruction qui était alors secrète et non contradictoire.

Quoi qu'il en soit, l'ex-lieutenant-colonel n'avait encore été ni cassé, ni dégradé, à telle enseigne que le bureau de liquidation du 100e de ligne devait, postérieurement à son arrestation, lui faire parvenir un état de solde arriéré. Il est juste d'ajouter que l'ordonnateur des dépenses refusa de payer ce reliquat en inscrivant « rien à faire » au travers de la pièce destinée à Pierre « cet homme n'étant autre, disait-on, que le nommé Coignard déjà repris de justice et en ce moment arrêté comme voleur ».

*
* *

Dès le début de l'audience, les hostilités s'engagèrent entre le président et l'accusé sur la question d'identité.

D. — N'êtes-vous pas Pierre Coignard?

R. — On se trompe sur mon compte; je puis ressembler à Pierre Coignard mais je ne suis pas lui : qu'on fasse venir les personnes de sa famille. J'ai déjà été pris pour lui en Espagne; mais le général Paris a éclairci cette affaire. Coignard a été tué en Espagne d'un coup de fusil au travers du corps; sa femme est encore à Saint-Lazare; qu'on la fasse venir, elle dira que ce n'est pas moi... Je suis fâché qu'on ne m'ait pas laissé le temps de faire assigner des officiers espagnols qui me reconnaîtraient.

M. l'avocat général Agier fit alors remarquer qu'on avait donné à l'accusé toute latitude à cet égard, à commencer par le général Despinois qui s'était longtemps refusé à croire possible une telle usurpation de titre, mais que Coignard n'avait jamais pu fournir le moindre renseignement permettant de retrouver ses père et mère prétendus, ainsi que la famille de Sainte-Hélène.

L'avocat général ajoutait que les papiers présentés étaient probablement faux.

Au cours de l'instruction, en effet, Pierre n'avait pu fournir que l'acte de notoriété de Soissons et les copies de pièces fabriquées que nous connaissons déjà. Lors de la perquisition, rue Basse-d'Orléans, il avait bien été trouvé dans les papiers du pseudo-comte de Sainte-Hélène une autorisation signée, par M. le secrétaire général de la Guerre, de

recevoir chevalier de Saint-Louis un sieur
de Coignard, autorisation qui fut versée au
dossier par le Département de la Guerre,
mais il n'avait pas été possible d'en tirer
une conclusion quelconque, l'inculpé n'ayant
pu ou n'ayant voulu fournir aucune explication sur l'origine de cette pièce; il prétendait qu'elle ne lui appartenait pas. Les archives du Ministère contenaient de leur côté
une demande adressée par un nommé « de
Coignaid » le 29 octobre 1817 et tendant aux
mêmes fins; mais le juge d'instruction, à
qui ces deux mystérieux écrits furent trans-
mis par le procureur, ne put arriver à trouver la clef de l'énigme.

« De Coignard » et « de Coignaid » demeu-
rèrent introuvables! Le soupçon n'en demeura pas moins dans l'esprit de chacun,
que l'auteur de la lettre et le détenteur de
l'autorisation ne faisaient qu'une seule et
même personne, et que cette personne n'était
autre que Pierre lui-même.

C'était d'ailleurs assez dans ses habitudes
de maquiller les terminaisons de nom :
un *i* pouvait si facilement se transformer
en *r*, pour un faussaire de son envergure!
Il n'avait à craindre ni l'expertise en écriture,
ni les méthodes employées de nos jours par
l'identité judiciaire, pour déceler les per-
sonnalités les plus mystérieuses.

Aussi même la matérialité de ce faux ne put être prouvée d'une façon certaine.

*　*　*

Étant donné l'état civil adopté par l'accusé, la question préalable d'identité — qui, à l'habitude, ne dure que quelques minutes — prit une importance capitale dans la séance du 3 juillet.

Pierre, malgré l'apostrophe de l'avocat général, maintint qu'il s'appelait de Pontis, comte de Sainte-Hélène, et qu'il était né à Soissons comme en faisait foi l'acte de notoriété joint au dossier. Il insistait sur la néfaste ressemblance, cause de tout son malheur, qu'on lui trouvait jadis avec ce Coignard, soldat dans son régiment, mort en Espagne, et dont la femme devait être encore à Saint-Lazare. (Il ne craignait rien, en effet, de ce côté, son ancienne belle-sœur ayant dû conserver quelque tendresse pour lui.)

Après les lectures, interrogatoires et formalités de rigueur, commença l'audition des témoins.

Mais, la plupart de ceux qui avaient déposé contre Pierre en l'an IX étaient morts, ce qui n'allait pas faciliter la tâche de la justice.

La première déclaration positive à la

charge de l'accusé fut celle d'un ancien prisonnier de Bicêtre qui le reconnut pour l'avoir vu partir avec la chaîne, tout en se défendant cependant d'avoir eu avec lui de « liaison si intime » entendant par là qu'il n'avait pas été attaché aux mêmes fers que lui.

Deux autres témoins, qui avaient été retenus à Toulon comme galériens, mais qu'on employait, l'un dans les bureaux, l'autre à la pharmacie, affirmèrent retrouver en l'accusé un bagnard de leur connaissance évadé vers l'an XII ou l'an XIII.

Pierre se mit dans une colère superbe :

Je récuse, disait-il, des hommes notés d'infamie qui ne parlent ainsi qu'à l'instigation d'un agent de police, mon plus mortel ennemi. Remarquez, Messieurs, que ces témoins me donnent le prénom d'Alexandre, tandis que Coignard s'appelait Pierre. Je suis maigre, ils disent que Coignard avait de l'embonpoint. Et certes on n'engraisse pas au bagne.

Il faut reconnaître que l'emportement de l'accusé était un peu justifié : on ne faisait venir à la barre que des repris de justice devenus par la suite des « moutons » ou des indicateurs à la solde de Vidocq...

Ce n'est pas le témoin suivant qui allait faire tomber son juste courroux! Darius, en effet, qui succédait aux autres galériens, n'était-il pas celui qui le premier l'avait découvert sous l'uniforme de lieutenant-colonel, au cours de la parade de la place Vendôme! Il confirma naturellement ses précédentes déclarations. Elles furent corroborées par d'autres individus sortis du même milieu, que le président fit appeler au cours de l'audience, en vertu de son pouvoir discrétionnaire.

Pierre protestait toujours contre ces dépositions, demandant aux témoins comment ils auraient pu connaître un honnête homme, et à la Cour comment on pouvait les croire, ce qui lui attira la réponse suivante du Ministère public :

S'il s'agissait de convaincre le prévenu des nouveaux crimes qui lui sont imputés, nous n'aurions fait paraître ici pour témoins, ni agents de police, ni hommes repris de justice, mais il était uniquement question de constater l'identité du prévenu avec Coignard. Or, ceux qui ont partagé le sort de ce condamné et qui l'ont connu dans les prisons étaient ceux qui pouvaient donner les renseignements les plus positifs; au reste, il en paraîtra d'autres, auxquels il ne pourra être fait aucun reproche.

Et, de fait, on entendit trois gardiens de la prison de Bicêtre, et l'ex-greffier portier de la Conciergerie, vieillard octogénaire qui

hésita pour reconnaître Pierre en la personne
du prévenu.

Puis l'avocat général parla en ces termes
d'une ancienne maîtresse de l'accusé :

Pierre Coignard n'était pas marié; mais il avait
pour maîtresse une fille Lordat, morte dernièrement à Saint-Lazare. On a trouvé dans les effets
de cette fille le portrait du susdit Coignard. Je demande qu'il soit représenté à l'accusé,

Pierre se garda bien de répondre sur la
question de ses unions tant légitimes qu'illégitimes; mais, lorsque le président lui fit
passer le portrait, il s'écria :

Jamais de ma vie, je ne me suis fait peindre;
j'en prends à témoin Dieu et les saints... j'avoue
que malheureusement il y a de la ressemblance,
mais ce n'est pas mon portrait.

Le Ministère Public n'insista pas sur l'incident :

... ne voulant pas faire une preuve de reconnaissance du portrait qui venait d'être mis sous les
yeux de l'accusé. Il y avait sans doute quelque ressemblance; mais ce portrait était grossier; il avait
été fait depuis plusieurs années; la figure était
dépouillée de favoris.

« Je vais les couper, les miens, si vous voulez »,
offrit alors Pierre.

Puis, les dépositions étant terminées, le président allait donner la parole à l'avocat général pour soutenir l'accusation, lorsque le hasard fit apparaître un dernier témoin; c'était un spectateur bénévole qui, dans la salle, avait dit à plusieurs reprises qu'il connaissait l'accusé.

Le président, en vertu de son pouvoir discrétionnaire, interrogea le nouveau venu. Celui-ci déclara être originaire de Langeais, près de Tours, où habitait toute la famille Coignard. Il dit aussi que l'accusé avait un frère aîné, condamné comme le cadet à la peine des fers, et que, pendant deux ans, Pierre avait pris pension chez lui.

Le témoin déclarait qu'il avait à cette époque choisi Pierre pour être le parrain de sa fille, baptisée à Saint-Sulpice, mais que Pierre était parti lui devant encore 200 et quelques francs.

C'est par les bons offices du témoin que l'accusé avait pu être reçu dans les grenadiers de la Convention, après avoir été renvoyé du corps des chasseurs :

Le père de l'accusé doit exister encore et je suis étonné, ajoutait-il, qu'il ne soit pas venu pour *défendre son fils.*

L'accusé protesta avec violence :

C'est un tissu d'impostures, dit-il; il faudrait

entendre aussi comme témoin la femme de « Monsieur ». Qu'on examine le registre de baptême et qu'on vérifie si la signature est de moi. Coignard a servi dans les grenadiers de la Convention! Eh bien! que l'on compare les signalements qui doivent exister au ministère de la Guerre, s'il y a seulement un pouce de différence, je ne suis pas Coignard.

Pierre, en effet, pouvait insister sur la comparaison des signalements, car il n'avait jamais servi dans les grenadiers de la Convention; il savait pertinemment qu'il s'agissait de son frère Louis et que le témoin faisait confusion, à cause de la ressemblance et du faux commis par son frère à cette époque.

Pourtant, cette audition fut nettement défavorable à l'accusé, et c'est sur cette impression que le Ministère public prit la parole.

L'avocat général ne fut pas tendre pour Coignard. Aucun de ses faits et gestes ne trouva grâce devant lui. Résumant les preuves, répondant aux objections, parlant des interrogatoires subis par l'accusé devant le lieutenant-général, il démontra péremptoirement que le prétendu comte n'avait pu apporter aucune preuve irréfutable de l'existende des Pontis de Sainte-Hélène et de sa parenté avec cette famille; qu'au surplus, l'acte de notoriété de Soissons n'avait qu'une valeur médiocre puisque le prévenu avait varié constamment dans les déclarations relatives à son lieu de naissance. Tantôt, il revendiquait la Vendée comme patrie d'origine, tantôt il adoptait le Soissonnais.

Enfin, il n'avait conservé le souvenir d'aucun détail sur ses père et mère, détails qui, cependant, « restent gravés dans le cœur d'un fils ».

Il n'en fallait pas plus au défenseur de la société pour conclure en l'identité parfaite du soi-disant comte de Sainte-Hélène et du forçat Pierre Coignard, évadé du bagne de Toulon en 1805.

Durant ce réquisitoire, qui fut long, l'accusé conservait une attitude provocante, affectée, semblant dire à Mᵉ Agier : « Mais, regardez-moi donc de près! » comme il disait réellement quelques instants auparavant aux témoins, insolemment : « Vous ne pouvez pas me reconnaître, car vous ne m'avez jamais vu. »

*
* *

La défense allait maintenant jouer son rôle.

Chose curieuse, l'avocat dut être nommé d'office et à l'audience même. Comme les temps sont changés. Aujourd'hui, vingt maî-

,tres du barreau se seraient, dès le jour de l'arrestation, disputé la gloire de s'occuper d'une affaire si retentissante. Néanmoins le hasard servit bien Coignard, puisqu'il lui donna Dupin jeune, dont le talent naissant allait tirer le meilleur parti d'une cause désespérée.

Le premier soin de l'avocat fut de demander un délai pour conférer avec son client et faire assigner des témoins à décharge, pour confirmer l'alibi invoqué par Pierre, sa présence en Espagne au moment de l'évasion du forçat Coignard.

C'était la marche normale du procès interrompue. Il fallait revenir en arrière. Mais le président n'était-il pas libre de conduire les débats comme bon lui semblait ?

L'assignation demandée par Me Dupin pouvait d'ailleurs souffrir quelque difficulté parce que les témoins invoqués par l'accusé étaient des officiers espagnols dont la résidence actuelle à Paris n'était pas bien sûre : il fallait les rechercher, et ces recherches devaient demander quelques jours; une suspension des débats s'imposait.

La Cour donna satisfaction à la défense et remit « la cause à vendredi 10 de ce mois, pendant lequel temps l'accusé conférera avec Me Dupin son conseil, et sera libre de faire citer tous les témoins qu'il jugera convenables ».

*\
* *

Le temps était court pour faire sortir de terre les témoins espérés, mais il était difficile d'interrompre plus longtemps la marche de la justice.

Donc le 10 juillet suivant, une foule de spectateurs se pressaient dans la salle des assises pour voir apparaître le pseudo-comte de Sainte-Hélène.

Il était vêtu différemment de la première fois mais tout aussi simplement.

Il avait légèrement « rafraîchi » ses favoris et ne portait aucune espèce de décoration à la boutonnière.

L'avocat général prit tout de suite la parole pour une communication :

Je prie la Cour, dit-il, de vouloir bien entendre la lecture de l'interrogatoire qu'a subi l'accusé devant M. le lieutenant général Despinois, et les détails qu'il a donnés alors sur sa prétendue famille.

Me Dupin s'opposa à cette lecture et la Cour fit droit à sa réclamation :

Attendu que M. le général Despinois n'a point eu dans cet interrogatoire le caractère d'officier public et que d'ailleurs la pièce n'a point été notifiée à l'accusé.

Deux témoins étaient cités à la requête de l'accusé et seize environ par le Ministère public.

Le premier fut M. l'abbé Langenay, supérieur du séminaire de Soissons. Placé loin de Pierre il déclara que sa vue basse ne lui permettait pas de reconnaître l'accusé; il se rapprocha, et crut en effet l'avoir vu en Espagne, mais sans se souvenir de l'époque précise.

Pierre alors lui rappela plusieurs faits :

J'étais, dit-il, en 1803, à la Barcelonnette, commandant du bataillon royal étranger. Officier et gentilhomme, je ne pouvais faire par moi-même le commerce, mais j'avais un intérêt sur deux bâtiments commandés par un négociant nommé Larena. Demeurant en cette ville, j'ai eu de fréquentes relations avec des missionnaires : MM. Llosada et Chaudet, avec M. l'abbé Chaudet, mon directeur de conscience, et enfin avec M. Langenay lui-même qui s'occupait également de mon salut. Il me reprochait, hélas! bien souvent, de le négliger et de recevoir chez moi une personne qui n'était pas à sa place. Ces messieurs m'ont donné malgré tout, plus d'une fois, leur bénédiction.

Après cette déclaration, le président se tourna vers le témoin, qui paraissait hésitant. M. l'abbé Langenay n'avait de ces choses qu'un souvenir vague et confus. Il avait pu voir en effet l'accusé en Espagne, avec M. Llosada et M. Chaudet, un peu avant 1808, à l'époque de l'invasion des Français; mais il ne pouvait assurer que ces faits étaient antérieurs à l'année 1803!

C'était là, cependant, toute la question. Si le pseudo-comte de Sainte-Hélène avait été à l'étranger en 1803, il n'aurait pu être le forçat Pierre Coignard qui se trouvait précisément au bagne de Toulon à la date indiquée.

L'alibi était bien choisi mais le vénérable abbé ne le justifia pas, malheureusement pour l'accusé!

Le second témoin à décharge fut M. de Treuil de Beaulieu, ex-directeur des hôpitaux français en Espagne. Il n'avait vu « l'officier » qu'en 1812 à Malaga, où il s'était présenté comme un émigré descendant d'une honorable famille poitevine, et, sur ces références, avait trouvé le meilleur accueil, D'ailleurs, M. de Pontis avait laissé un excellent souvenir dans la colonie française; on se rappelait, en effet, qu'il avait été chargé de transporter une somme de 160.000 francs en or, pendant la retraite de notre armée sur Séville, n'ayant qu'un seul domestique pour escorte, et qu'il avait pu néanmoins amener son trésor en lieu sûr et en rendre un compte fidèle. Le témoin se rappelait également qu'un certain jour l'accusé rencontra un officier espagnol et qu'ils se reconnurent pour avoir servi ensemble à Buenos-Ayres.

Que Pierre ait été scrupuleux dans l'exécution de son service, intègre au point de ne pas dérober un centime d'une somme à lui confiée pour des besoins militaires malgré la tentation qu'il pouvait en avoir, cela ne nous surprend pas quand nous connaissons la façon dont il administrait les fonds de son bataillon! Mais ce qui laisse incrédule, c'est la rencontre avec l'Espagnol ayant servi à Buenos-Ayres.

Il est vrai que notre aventurier avait trompé tant de personnes, qu'il avait pu une fois de plus surprendre la bonne foi de M. Treuil de Beaulieu.

Le président fut étonné d'entendre parler du Poitou, comme lieu d'origine du « comte de Sainte-Hélène », alors que sa famille n'en sortait pas. Il en demanda la raison à l'accusé.

Pierre répondit qu'il avait été présenté par un M. Lormeau qui avait pu se tromper sur le lieu de sa naissance.

Mais l'avocat général ne manqua pas l'occasion d'intervenir :

Je demande à l'accusé, dit-il, si c'est bien lui qui a écrit au maire de la commune de Saint-Pierre-du-Chemin, dans le Bas-Poitou, afin d'obtenir son extrait de baptême ou un certificat, pour suppléer à la perte des registres. Ces deux lettres étaient signées Pontis de Sainte-Hélène. On offrait alors au maire, en reconnaissance d'un tel service, de lui faire obtenir la croix de Saint-Louis et de procurer à son fils, s'il en avait, un brevet d'officier.

C'était le coup droit.

Il ne pouvait nier, car il avait écrit ces deux lettres de sa plus belle main, en énumérant sous sa signature, ses titres, grade et décorations, pour éblouir le maire poitevin.

Pierre avoua être l'auteur des lettres, mais il ne fut pas tenu quitte pour si peu par le Ministère public, qui lui demanda pourquoi, après avoir prétendu être né dans le Poitou, il avait dit ensuite être né tantôt dans le département d'Indre-et-Loire, tantôt dans le Soissonnais.

L'accusé répondit qu'il était sorti de France dans un âge tendre avec sa famille, qu'il n'avait jamais connu exactement le lieu de sa naissance, jusqu'à ce que des renseignements positifs le lui eussent fait découvrir. Il lui avait été conté que sa mère, voyageant avec son père et passant par hasard à Saint-Pierre-du-Chemin dans la Vendée, y était accouchée prématurément, le 22 septembre 1774. Il avait vu depuis que c'était de son frère qu'il s'agissait.

L'avocat général observa que l'accusé s'était dit, jusqu'à présent, fils unique.

Pierre se lança dans des explications : son père était un homme fort dur, qui de toute sa vie ne lui avait pas dit deux cents paroles; lui-même ignorait qui, de son frère ou de lui, était né dans la Vendée. Son propre fils s'était bien trouvé d'ailleurs dans le même cas, puisqu'il était né à Colmar lorsque sa femme y passait pour le suivre en Allemagne.

Cette explication trop ingénieuse fit une impression déplorable sur l'assemblée.

On reprit ensuite l'audition des témoins à charge, en commençant par la femme de cet habitant de Langeais, répondant au nom de Viguier, qui s'était révélé dans la salle à la fin de la première audience.

Mais le défenseur Me Dupin récusa le témoignage de cette femme amenée trois jours auparavant à la Force par un commissaire interrogateur de la police et confrontée avec l'accusé de la propre autorité de ce commissaire.

Nous nous sommes plusieurs fois plaints de cette forme de procéder de la part des agents supérieurs de la police, répondra l'avocat général, mais le fait qu'on allègue n'est pas un motif de récusation.

La Cour ordonne que le témoin soit entendu. La femme Viguier reconnaît très bien le prévenu pour être Coignard jeune qui a tenu son enfant sur les fonts baptismaux, il y a vingt-deux ans.

L'accusé songe alors à demander si Coignard cadet avait de belles dents ?

« De fort belles ! et il était plus beau garçon que vous », répondit la bonne femme pour la joie des auditeurs.

L'accusé, sans se démonter, réclama l'expertise d'un dentiste :

...Qui dira que ses dents ont toujours été clairsemées comme elles le sont et qu'on y ferait facilement passer des tuyaux de plume.

Le témoin, après cette passe d'armes, n'en persista pas moins dans son affirmation et ajouta encore :

C'est bien vous Coignard jeune, à telles enseignes que vous me devez encore 400 francs moins trois livres.

La raison n'était peut-être pas péremptoire.

Défilèrent ensuite un surveillant du jardin des Tuileries, qui commit la même erreur que l'homme de Langeais relativement aux grenadiers de la Convention, et un nommé

FAÇADE DE LA PRISON DE BICÊTRE (Dessin de M. DELAHAYE, Architecte de l'Hospice, d'après d'anciens plans des Archives de Bicêtre).

Bourgeois, commissaire de roulage dans la maison de qui Pierre avait habité en 1817. Ce dernier affirmait que leur concierge commune avait reçu de l'accusé la note suivante :

« S'il vient des lettres à l'adresse de M. de Coignard les remettre à M. le comte de Sainte-Hélène. »

Le fait était d'importance, car, s'il était exact, il permettait d'expliquer la provenance des demandes adressées par le mystérieux « de Coignard » ou « de Coignaid » au ministère de la Guerre à la même époque.

Pierre sentit la gravité de l'attaque. Aussi lança-t-il immédiatement la riposte :

Il y a Coignet et non pas Coignard. C'était un officier, de mes amis, qui était en difficulté avec les bureaux de la guerre.

Le papier fut représenté à l'audience et l'on y vit en effet le nom de Coignet.

— Qu'est devenu ce M. de Coignet? questionna l'avocat général.

— N'ayant pu rien obtenir en France, il est retourné en Espagne et je crois même qu'il a passé en Amérique, répondit l'accusé.

Il fut impossible de tirer autre chose de Pierre sur cette similitude de nom !

C'est alors qu'une femme impliquée dans

le procès de 1801, et condamnée à la réclusion, se présenta à la barre. Elle reconnut
l'accusé — son ancien complice — « à sa
voix ».

Il a, dit-elle, débauché une jeunesse, une pauvre
fille qu'il a entraînée dans le crime et qui est morte
à Saint-Lazare... C'est un scélérat, son nom seul
me fait trembler.

« Les témoins ne doivent pas insulter les
accusés », lui fit doucement observer le
président.

...Et l'on passa à une autre victime du
vol de 1801, une intime amie de Lordat, la
maîtresse de Pierre. L'accusé lui avait été
présenté par cette dernière :

— Êtes-vous sûre que c'est Coignard qui est
devant vous? lui demanda-t-on.

— Oh! oui, répondit-elle, car je l'ai bien remarqué. Lors de son arrestation, il a tiré deux coups de
pistolet sur les agents pour s'évader; je l'ai revu
depuis au tribunal et le jour de son exposition au
tabouret; j'étais bien jeune alors, mais sa physionomie m'a frappée et je me souviens avoir dit à
mon père : « Quel dommage qu'un si beau jeune
homme se soit fait voleur. »

Le limonadier Viguier réitéra sa précé-
dente déclaration. Deux femmes natives de
Langeais ayant connu toute la famille Coi-

gnard déposèrent dans le même sens. Une d'elles dit naïvement :

Vous êtes bien Coignard, vous ressemblez à votre mère comme deux gouttes d'eau et vous faites les mêmes gestes que votre père.

Mais le clou de l'audience fut l'apparition du dernier témoin.

Escorté de deux gendarmes, il paraissait en proie à une indicible émotion. Intimidé par tous les regards fixés sur lui, il répondit faiblement aux questions du président :

D. — Comment vous appelez-vous?
R. — Je me nomme Alexandre Coignard. Je suis né à Langeais (Indre-et-Loire) et j'ai 29 ans.
D. — Vous êtes arrêté?
R. — Depuis le 29 avril.
D. — Regardez l'accusé!

Pierre se leva et se présenta hardiment tout en fixant le témoin.

D. — Vous le reconnaissez pour être de Pontis?
R. — Oui, Monsieur.

Ces derniers mots furent à peine balbutiés.

La Cour n'en demanda pas davantage; elle ne voulut pas, s'il était en effet le frère de l'accusé, exiger de lui un sacrifice également réprouvé par la loi et par la nature. Tout le monde remarqua cependant que le témoin avait la figure plus pleine, plus gracieuse que celle de l'accusé; mais les traits de ressemblance étaient incontestables.

Le témoin fut invité à se retirer.

Je vous ai dit, répondit l'accusé que Coignard, avec qui j'ai le malheur d'être confondu, avait servi sous mes ordres en Espagne; il est donc tout naturel que je connaisse son frère. On sollicitait à cette époque ma protection puisque j'étais en place. C'est assez l'habitude.

L'accusé ayant demandé un délai pour faire appeler d'autres témoins justificatifs, la Cour, du consentement du Ministère public, décida alors de remettre la suite des débats au 20 prochain.

Cette seconde audience avait été nettement défavorable à l'accusé; il s'était élevé contre lui plusieurs preuves difficilement réfutables, et la scène quasi muette entre Pierre et Alexandre n'avait pas été sans faire d'impression sur l'esprit des juges!

*
* *

La dernière audience du procès eut donc lieu le 20 juillet. Pierre ne paraissait pas abattu.

Le président résuma en quelques mots les débats précédents et posa quelques questions à l'accusé sur sa prétendue famille :

D. — Vous êtes allé dans votre enfance à Buenos-Ayres avec vos parents?

R. — Oui, Monsieur, j'avais 4 ans alors.

D. — Avec qui êtes-vous revenu en France?

R. — A l'âge de 15 ans avec mon père tout seul.

D. — Où avez-vous logé?

R. — Rue Saint-Nicaise, dans un hôtel; je ne me rappelle pas bien le nom. J'ai la mémoire fort courte.

D. — Qui avez-vous eu l'occasion de fréquenter?

R. — J'ai séjourné à Paris du mois d'octobre au mois de février. Venu d'un climat chaud, le froid m'a rendu malade. Je me rappelle seulement avoir vu un M. de Pontis de Gamache, lequel s'est brûlé la cervelle sur le boulevard. J'ai appris cela en Amérique.

D. — Avez-vous su quelques particularités sur votre famille.

R. — Je vous ai dit l'autre jour que mon père était fort silencieux. Il lui était arrivé comme à moi des désagréments qu'il voulait cacher.

D. — Prétendez-vous dire qu'il aurait été impliqué dans quelque procédure criminelle?

R. — Ah! sûrement non, mais il pouvait avoir des dettes ou d'autres choses désagréables.

D. — D'où vient le nom de Sainte-Hélène?

R. — C'est un surnom que mon père a jugé à

propos d'ajouter à celui de Pontis, qui est le vrai nom de la famille. L'épouse de M. Prévost, que je n'ai pas voulu faire assigner par délicatesse, est une demoiselle de Pontis.

D. — A quelle époque avez-vous connu en Espagne la demoiselle Rosa Marcen?

R. — Je l'ai connue à Saragosse, au mois de mars 1814.

D. — Ne se disait-elle pas veuve d'un colonel espagnol de Pontis?

R. — Ce n'est pas Pontis mais Pontes. C'était un homme dont elle n'était pas précisément veuve mais elle l'avait connu.

D. — Il y a une autre Rosa Marcen dont vous dites être veuf?

R. — Ma femme se nomme Dolorès-Moreno Marcen. Elle est morte en couches. Vous savez qu'en Espagne on entasse toutes sortes de noms les uns sur les autres et que beaucoup de personnes s'appellent de même.

D. — Pourquoi avez-vous dit que votre mère s'appelait Linière d'Aubusson de la Feuillade? D'après les renseignements qui m'ont été fournis, aucune demoiselle de cette famille n'a épousé un M. de Pontis.

R. — Je n'ai pas dit de la Feuillade, mais de la Ferillade.

D. — Pourquoi essayez-vous d'égarer la justice en vous réfugiant toujours dans des ressemblances de noms telles que Pontes et Pontis, Coignet et Coignard, Rosa Marcen et Moreno Marcen, de la Feuillade et de la Ferillade?

R. — Je dis cependant la vérité et ne suis pas responsable des coïncidences.

D. — Que sont devenus votre père et votre mère ?

R. — Ils sont morts de chagrin depuis que je les ai quittés.

M. l'avocat général (à l'accusé). — N'avez-vous pas à la jambe des marques de petite vérole ?

L'accusé. — Non, je n'ai jamais eu cette maladie.

M. l'avocat général. — Vous avez été visité ce matin par des gendarmes qui attestent le fait.

L'accusé. — Où sont ces gendarmes ?

Un gendarme. — C'est moi. Vous avez des marques à la jambe gauche.

L'accusé. — Je vais prouver le contraire en découvrant ma jambe, tant je suis fort de moi.

(Pierre releva, à cet instant, son pantalon jusqu'aux genoux.)

Le gendarme (posant le doigt sur les marques). — Voici les trois marques.

L'accusé. — Jamais on ne considérera ceci comme des grains de petite vérole ; ce sont les traces des coups de pied que m'a donnés un agent de police, le fameux Vidocq, au moment de mon arrestation. Qu'on fasse venir un chirurgien ?

Me Dupin appuie la demande de son client, mais l'avocat général répond qu'il ne tient pas à ce que cet incident ait des suites.

On entendit encore trois personnes :

Un garde à pied du corps du Roi ;

Le commissaire de police qui en l'an VIII fit arrêter Coignard, prévenu de vol, et qui l'interrogea plusieurs fois;

Un commis aux écritures qui réédita la déposition du directeur des hôpitaux.

Tous reconnurent formellement l'accusé.

Le président, ayant épuisé la liste des « déposants », fit donner lecture d'une lettre confidentielle écrite par Pierre, depuis la dernière audience, à Alexandre Coignard toujours détenu pour vol.

Dans cette lettre, Pierre n'appelait pas Alexandre « mon frère » mais « mon ami ». Il lui donnait des instructions très étendues pour qu'on lui trouve des témoins qui l'auraient connu en Espagne en 1803, 1804, sous le nom de Pontis de Sainte-Hélène. La femme Laurena devait se charger des commissions, et comme sa correspondance n'était pas destinée à la publicité, il désignait les malfaiteurs arrêtés au cours de la rafle de la rue Saint-Maur par leurs sobriquets. Puis il terminait en disant :

Si vos démarches réussissent et qu'on me reconnaisse pour de Pontis, le reste ne sera qu'une bagatelle et mon grade me sera bientôt rendu, mais ayez soin de faire attention à ce que Laurena rapportera à mon avocat, car il croit tout ce que je lui dis.

Cette lettre était évidemment accablante pour l'accusé. De nos jours, elle ne serait pas tombée aux mains de la justice. Avec les facilités de communiquer, ce n'est pas un ami du dehors qui se serait chargé des commissions,... mais l'avocat lui-même.

L'accusé, interrogé par le président sur cet écrit, prétendit qu'il n'avait pas voulu provoquer de faux témoignages, mais au contraire rechercher de nouveaux témoins et les engager à dire la vérité.

C'est après ce grave incident que le Ministère public put, à nouveau, prendre la parole pour continuer son réquisitoire interrompu au cours de la première audience.

Reprenant les charges qu'il avait déjà développées, insistant sur les nouvelles, Me Agier fit remarquer que les déclarations des témoins à décharge ne prouvaient pas que le prévenu ne fût pas Coignard; elles établissaient seulement que, depuis 1810, il avait été connu sous le nom de Pontis, nom qu'il avait pu prendre après son évasion du bagne en 1805.

Quant aux « inductions » tirées du signalement par la défense, l'avocat général ne voulut en tenir compte, affirmant...

...Qu'il n'avait pas été difficile à un homme habile comme Coignard de se déguiser au moment où

son signalement avait été pris ; c'est ainsi que,
pendant les débats, et au moment où les témoins le
regardaient, on l'avait toujours vu prendre une
attitude forcée, qu'il avait d'ailleurs été pris plusieurs signalements de Coignard et qu'ils différaient
tous sensiblement les uns des autres. Les états de
services mêmes de l'accusé ne prouvaient rien, car
ce dernier avait très bien pu servir et être blessé...
après son évasion.

L'avocat général maintint ses premières
conclusions.

*
* *

Me Dupin commença tard, dans la soirée,
sa plaidoirie.

Sa défense fut habile et captivante. Il
supplia, dans son exorde, les magistrats de
se tenir en garde contre la prévention :

Si la prévention, dit-il, qu'il est toujours si
facile de jeter sur un accusé, pouvait décourager
son défenseur et assiéger l'esprit de ses juges, si
elle pouvait présider à vos délibérations et dicter
l'arrêt que vous allez rendre, je ne prendrais la
parole qu'avec défiance et mon malheureux client
ne paraîtrait devant vous qu'avec terreur. Quels
efforts, en effet, Messieurs, quels efforts n'a-t-on
faits pour vous entourer des séductions dangereuses
de la prévention, pour faire tourner vos premières
impressions contre l'accusé, pour le flétrir provi-
soirement dans l'opinion, et susciter contre lui une

sorte de clameur publique qui pût préparer et forcer peut-être une condamnation.

Et l'avocat, lâchant les flots de son éloquence, mit tout en œuvre pour faire tourner au profit de l'accusé la prévention qu'on avait fait naître dans le cœur des juges.

Et il ajoutait :

Quoi qu'il en puisse être, je ne vous demande pour M. de Pontis ni indulgence, ni pitié ! Je ne vous demande que ce que je suis sûr d'obtenir, de m'écouter sans prévention et de juger de même ; cela suffit aux besoins de ma cause. S'il vous reste démontré que le prévenu est Coignard, frappez-le sans ménagement. Mais si le contraire vous est prouvé, si même il vous reste quelque doute, n'oubliez pas que pour condamner un citoyen à une peine infamante, il faut une évidence plus claire que le jour ; que la plus légère incertitude doit entraîner l'absolution, parce qu'il vaut mieux encore acquitter un coupable que condamner un innocent.

Puis Me Dupin, affirmant qu'il apportait le tribut de sa conviction intime, entra dans le vif du sujet. Il voulut établir :

1º L'insuffisance des dépositions ;

2º La preuve irrécusable que l'accusé ne pouvait être Pierre Coignard ;

3º Qu'il était M. de Pontis et ne saurait être que M. de Pontis.

L'accusé est né à Soissons, dit l'avocat, en

1774, dans le cours d'un voyage que son père et sa mère faisaient à Mons. Il y fut baptisé en l'église Saint-Germain.

Nous avons le nom du parrain et de la marraine, ainsi que la preuve légale, grâce à l'acte de notoriété de ces faits, versé aux débats, les registres des baptêmes de Soissons ayant été détruits par un incendie.

L'accusé, emmené par ses parents en Amérique, en 1778, revint en France et passa ensuite en Espagne, puis à Buenos-Ayres, où il fit du service et obtint successivement différents grades.

Voyez un peu les états de services où sont mentionnés les exploits du comte combattant à la tête de sa troupe contre les Anglais. Ils sont magnifiques. Aussi, lorsque les Français entrèrent en Espagne, M. de Pontis, présenté à M. le maréchal Soult, fut-il admis de suite chef de bataillon. Concevez-vous qu'un échappé du bagne de Toulon se soit trouvé tout à coup en état de remplir les fonctions d'officier supérieur? La bravoure peut être innée, mais les connaissances militaires ne s'acquièrent que par une longue et pénible expérience. Quand le duc de Dalmatie, expert en fait de valeur et de talents militaires, atteste qu'il ne connaît personne plus digne du grade de chef de bataillon, c'est que M. de Pontis réunissait à la fois la valeur, les talents militaires et l'habitude du commandement; sans cela l'usurpateur du nom de Pontis aurait été trahi par son ignorance même.

A ces phrases un peu creuses le défenseur

allait ajouter des arguments sérieux qu'il fit valoir avec talent :

Mon client, poursuivit en effet Me Dupin, accusé de n'être pas le véritable comte de Sainte-Hélène, a eu tort de ne pas se livrer volontairement aux recherches de la justice.

Il a eu un tort plus grave, confesse-t-il encore : celui de se réfugier chez un homme qui a été lui-même arrêté en prévention de vol; mais M. de Pontis connaissait à peine cet homme et cette circonstance a servi à aggraver ses malheurs. Toutefois, il n'est pas vrai, comme l'ont dit les journaux, qu'il eût été pris en flagrant délit; il est encore plus faux qu'on ait trouvé dans son domicile un dépôt de fausses clefs et d'autres instruments à voleurs : les objets de cette nature n'étaient pas dans son appartement, mais dans un cabinet à côté, et ce sera au locataire du cabinet à donner des explications à ce sujet.

Toutes ces preuves n'en sont donc pas.

Mais en voici une irréfutable pour nous :

C'est l'acte de notoriété en vertu duquel l'acte de naissance de M. de Pontis a été réintégré sur les registres de Soissons.

C'est donc un point constant que M. de Pontis a un titre de naissance régulier, légal et conforme à sa possession d'état. Vous savez, Messieurs, quelle est la puissance de la possession d'état accompagnée d'un titre. L'accusé se trouve dans un camp retranché, où l'on ne peut l'attaquer qu'avec des moyens formidables à l'aide de témoignages irréprochables et de purs témoignages assez puissants pour prévaloir sur la foi du titre... Donnerai-je le nom de témoins à ces forçats que vous avez entendus? Quel que soit le nombre de ces dépositions, c'est une série de zéros auxquels manque le chiffre qui seul pourrait les faire valoir... Quels que soient au surplus le nombre, la gravité des témoignages, ils tomberaient devant une preuve qui ne saurait être récusée.

La voici :

M. l'avocat général au cours de son réquisitoire a nié la force probante des signalements, a combattu mes déductions sur ce point, n'a pas retenu la valeur de mes arguments opposés à ceux des témoins.

Eh bien! voici une pièce qu'il ne pourra pas contester puisqu'elle émane du ministre de la Police générale lui-même.

C'est le signalement de Pierre Coignard au bagne de Brest. Le signalement des forçats est pris avec une exactitude scrupuleuse, on ne se contente pas de décrire les traits de leur visage, on les fait mettre nus; on examine tous leurs signes particuliers.

Or, il est dit sur cette pièce que Pierre-Louis Coignard est âgé de 31 ans et qu'il a une taille de 1 m. 68 (5 pieds 2 pouces). Or, l'accusé a 1 m. 78 (5 pieds 4 pouces). Et on ajoute que le forçat a les cheveux châtains, mêlés de gris. C'est donc que le malheureux Coignard avait déjà ses cheveux à moitié blanchis par la douleur, par le remords! Mais, voyez donc le prévenu; ses cheveux ne sont pas même encore changés de couleur; ils sont parfaitement noirs. Alors? Continuons le signalement :

Coignard avait le visage marqué de petite vérole
et une marque à la lèvre supérieure. Examinez
le corps du prévenu, comme vous avez examiné
sa jambe il y a quelques instants. Si vous trouvez
sur lui une marque de petite vérole, je passe condamnation... Le forçat est encore désigné comme
ayant deux cicatrices sur la jointure du pouce
droit; le prévenu n'a qu'une cicatrice gagnée au
champ d'honneur et sur le pouce même. Enfin,
Coignard avait sur la jambe deux signes, c'est-à-
dire deux taches noire et bleue; ces indices ne se
remarquent pas davantage sur le prévenu. Il n'est
donc pas Coignard.

L'avocat avait, en effet, raison sur ce
point; le signalement envoyé par le bagne de
Brest au ministère de la Police générale concernait Louis et non Pierre Coignard.

Je vais au contraire, continue Me Dupin, prouver que l'accusé porte sur lui des traces incontestables qu'il est bien M. de Pontis. Il a, en sa possession, des états de services et d'autres papiers
dont on a eu beaucoup de peine à se rendre compte
dans le système de l'accusation. D'abord, on a dit :
« L'accusé vint à Paris avec une jeune demoiselle
qui a connu M. de Pontis ; elle a pu lui communiquer les papiers de M. de Pontis. » Les journaux
se sont emparés avec intérêt de cette version qui
contient une double erreur. En effet, on aurait dû
réfléchir que la dame dont il s'agit prenait le nom
de Pontes et non de Pontis. L'accusé, en outre,

ne l'a connue qu'à Malaga, en 1811 ou 1812, et lorsqu'il était déjà notoirement connu sous le nom de Pontis de Sainte-Hélène.

Un autre moyen de justification va servir d'éloge au prévenu. Les états de services qui lui ont été délivrés en Espagne portent la désignation et la date des blessures qu'il a reçues à Buenos-Ayres, à la Corogne, etc., en 1804, 1805 et 1806; cinq coups de sabre à la tête, deux coups de sabre sur les pouces de la main droite et de la main gauche; un coup de baïonnette au bas-ventre; un coup de feu à la jambe droite; un autre coup de feu à la partie supérieure du tibia. Toutes ces cicatrices existent; elles sont ineffaçables. Si l'on prétend que Mme Marcen lui a donné les papiers de M. de Pontis, il faudra dire aussi qu'elle lui a livré ses blessures.

Et dans une superbe péroraison, le jeune maître supplia la Cour de ne pas commettre une nouvelle erreur judiciaire :

N'a-t-on pas vu, dit-il, des exemples mémorables de ressemblance de ce genre : le faux Martin-Guerre, l'infortuné Lesurques, condamné comme assassin du Courrier de Lyon, et la femme qui fut reconnue par tant de témoins pour être Mme Champigneulles de Douhault.

Non! vous ne voudrez pas retomber dans ces erreurs et vous reconnaîtrez, comme moi, Messieurs, que l'accusé n'a rien de commun avec le forçat Pierre Coignard, mais qu'il est bien le comte Pontis de Sainte-Hélène.

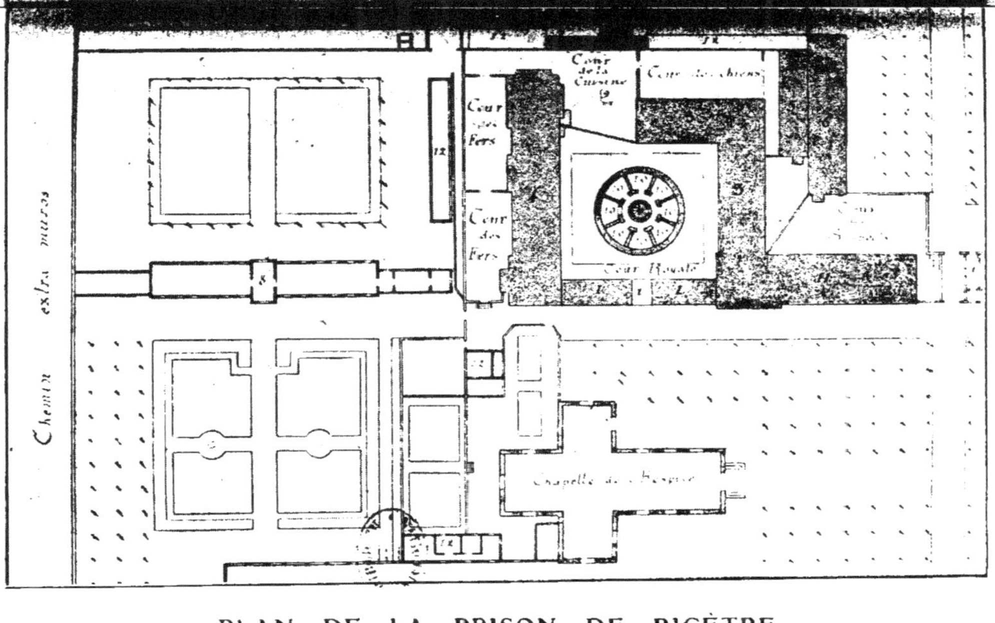

PLAN DE LA PRISON DE BICÊTRE

1. Logement de l'économe de la prison, concierge, greffe, parloir. — 2. Entrée de la prison. — 3. Bâtiment des cabanons. — 4. La force. — 5. Chapelle. — 6. La correction. — 7. Cuisine. — 8. Bâtiment du Conseil. — 9. Corps de garde. — 10. Cachots noirs souterrains. — 11. Cabanons et cachots blancs souterrains. — 12. Bâtiments de l'hospice. — 13. Entrée de la section des aliénés.

(Dessin de M. DELAHAYE, Architecte de l'hospice, d'après un plan de 1812. Archives de Bicêtre).

*
* *

La plaidoirie terminée, l'avocat général demanda la permission de dire quelques mots encore sur le signalement de Brest, sur les états de services et sur l'acte de notoriété de Soissons.

M⁰ Dupin répliqua une dernière fois, et l'accusé n'ayant rien voulu ajouter aux paroles de son conseil, la Cour se retira dans la salle des délibérations.

*
* *

Après trois quarts d'heure d'absence, elle rentra en séance et rendit son arrêt. Elle considérait...

...Qu'il était constant que l'individu qui avait été condamné sous le nom de Coignard en l'an IX, à quatorze années de fers, comme coupable de vol avec fausses clefs, s'était échappé du bagne de Toulon, en 1805, que l'individu qui se présentant sous le nom de Pontis, comte de Sainte-Hélène, ne justifiait point qu'il eût pris ou porté ce nom avant 1805, date de l'évasion de Coignard, qu'il était au contraire établi, par les débats, qu'il était identiquement le même homme, qui, en l'an IX, avait été condamné sous le nom de Coignard. Par ces motifs, la Cour a déclaré l'identité du prévenu avec Coi-

gnard, condamné aux fers et évadé du bagne, et
elle a ordonné qu'il serait remis, comme tel, à la
disposition de M. le procureur général.

Coignard ne sourcilla pas à la lecture de
la sentence, mais il s'écria « qu'on lui rendrait
compte devant Dieu du jugement qu'on
venait de porter ».

Et comme chez lui le lutteur reprenait
vite le dessus, il manifesta aussitôt le désir
d'en « appeler » n'ayant jamais eu, dit-il, de
marques de petite vérole comme l'individu
avec qui la Cour voulait le confondre.

CHAPITRE V

LE PROCÈS DES VOLEURS (1)

Ainsi, le comte de Sainte-Hélène avait fait place au forçat Pierre Coignard.

Tout l'édifice savamment construit par le « lieutenant-colonel » s'était écroulé. Aussi l'aventurier n'accepta-t-il jamais « ce fameux arrêt de reconnaissance » contre lequel il protesta toute sa vie.

Dès le 23 juillet, il signe son pourvoi en cassation.

Le 21 août suivant, la section criminelle de la Cour suprême, sur rapport du conseiller Buschop, rejette le pourvoi.

Me Dupin avait cependant soutenu avec talent la cause de son client, mais ses argu-

(1) Le compte rendu en a été fait dans les mémoires de de « Vidocq » de la même façon que celui du « Jugement d'identité ».

ments avaient été détruits par ceux de
l'avocat général Henri Larivière.

*
* *

L'identité de Pierre étant définitivement
établie, puisqu'il y avait maintenant « autorité de chose jugée », l'instruction relative
aux divers crimes reprochés à Coignard et
à ses complices allait se poursuivre avec
activité.

Me Meslier, du Parquet de la Seine, la
dirigea avec le soin le plus scrupuleux. Elle
fut longue et difficile. Les interrogatoires
succédaient aux interrogatoires et les journaux de l'époque les signalaient de temps
à autre à un public avide de renseignements (1).

*
* *

Le 24 février 1819, tous les prévenus furent
renvoyés devant la Cour royale (Chambre
d'accusation) qui décida, le 20 mars suivant,
de les traduire devant la prochaine session
de la Cour d'assises, pour faux, usage de
faux, vols qualifiés, récidive et tentative de
meurtre sur un agent de police.

La première audience eut lieu le mardi

(1) Voir *Moniteur universel* des 15 septembre, 11 octobre,
2 novembre, 28 novembre, etc...

22 juin 1819; y comparurent les huit accusés suivants :

1º Pierre Coignard;

2º Rosa Marcen;

3º Alexandre Coignard;

4º Catherine-Laurena Laurent, ouvrière, âgée de 27 ans;

5º Lexcellent, ex-limonadier;

6º Carette, ancien bijoutier;

7º Soffiet, ex-garde-magasin;

8º Lenormand, portier à la grille de l'Orangerie à Versailles.

Pierre est, cette fois, vêtu assez correctement d'un frac bleu à boutons dorés, d'un pantalon blanc et de linge fin. Il a grande allure et sa voix est assurée. Bien que n'ayant été encore rayé d'aucun des ordres qu'il avait reçus, « l'ex-officier » ne portait aucune décoration à la boutonnière. Invité par le président à décliner son état civil, il va déclarer à nouveau, et avec impétuosité, être : le lieutenant-colonel de Pontis, comte de Sainte-Hélène.

Rosa Marcen, de son côté, avait adopté une mise simple, mais soignée, même élégante.

C'est Me Dupin qui se chargeait de la défendre, Coignard ayant, cette fois, confié ses intérêts à Me Millot.

*
* *

Dès le début de l'audience, Pierre s'adressa
au président :

— Je vous ai écrit hier, dit-il, pour vous demander
la remise de la cause, voilà treize mois que je suis
en prison et j'en ai passé dix au secret. Je n'ai pas
eu le temps de prendre connaissance de la procédure, ni d'appeler des témoins, ni de me procurer
des pièces indispensables à ma défense. En mon nom
et en celui de mes co-associés, je demande la remise
de l'affaire à la prochaine session.

— Vous avez tort, répliqua le président, de dire
que vous parlez au nom de tous vos co-associés,
plusieurs d'entre eux ont formé par écrit une demande toute contraire.

Trois avocats insistèrent cependant pour
la remise : celui de Pierre fit remarquer que
le principal accusé était le plus intéressé à
rassembler tous ses moyens de défense car,
à raison de la récidive, il y allait pour lui des
travaux forcés à perpétuité et peut-être de
la mort.

A ces dernières paroles, le président répondit vivement :

Vous n'avez pas le droit de faire connaître aux
jurés le résultat possible de leur déclaration, attendu

qu'ils sortent de leurs devoirs lorsqu'ils prennent
en considération les dispositions de la loi pénale.

Mais de son côté, Me Pinet, avocat de
Lexcellent, s'opposa fortement à la remise de
l'affaire...

...Aucune communication, dit-il, ne m'ayant été
refusée au greffe, il n'avait tenu qu'à mes confrères
d'obtenir les mêmes renseignements.

Me Amelin, avocat général. — La remise ne me
paraît qu'un moyen dilatoire pour obtenir un ajour-
nement indéfini.

Pierre Coignard (avec véhémence). — M. Lexcellent est entouré de je ne sais combien de femmes
qui viennent le voir à la prison et qui intriguent
pour lui; voilà pourquoi il est pressé d'être jugé;
il a encore d'autres motifs que je dévoilerai. Au
surplus je suis malade et je déclare que si l'on ne
veut pas remettre la cause, je ne répondrai pas.

Lexcellent, en effet, avait été arrêté au
moment même de l'expédition manquée
chez M. Dumoulin, rue du Sentier; il avait
parlé, donné son adresse, où logeait le « comte
de Sainte-Hélène » en fuite, sous le nom de
Carelle, et grâce à ces révélations, la police
avait vite retrouvé la trace des coupables,
comme l'on s'en souvient.

Pierre lui en avait gardé rancune. Aussi,
pendant que la Cour délibérait sur la « remise

éventuelle », une violente altercation sur-
gissait entre les deux prévenus, et comme
Lexcellent était placé sur la banquette immédiatement au-dessous, les gendarmes du-
rent s'interposer pour empêcher d'éclater
un pugilat qui couvait.

La Cour rejeta la demande de remise, « la
requête n'ayant pas été présentée aux termes
de l'article 306 du Code criminel avant la
première réunion du jury de la session ».

Le greffier donna ensuite lecture de l'acte
d'accusation. Il était volumineux. Le Ministère public, par l'organe de M⁰ Amelin,
en retraça les points principaux.

Le premier chef d'accusation se rapportait
au vol commis chez M. Sergent de Champigny, le deuxième au vol commis chez Mme Lefèvre, rue de Bondy, les troisième et cinquième à des vols ordinaires, exécutés d'après
les instructions de Coignard et grâce aux
empreintes des serrures prélevées par ce
dernier.

Quant au quatrième, il concernait l'affaire
du général Marti, à laquelle Rosa Marcen
avait été directement mêlée.

La tentative de meurtre sur l'agent chargé
de l'arrestation était traitée spécialement.

Après lecture de l'acte d'accusation, Pierre
Coignard fut interrogé par le président. Il
avait d'abord eu l'intention de jouer un

« rôle muet » au cours de ce procès, mais, après réflexion, il décida de répondre :

D. — Pierre Coignard, d'après les faits que vous venez d'entendre, vous êtes accusé de faux.

R. — Je ne suis pas Coignard, je suis André-Pierre de Pontis, comte de Sainte-Hélène.

D. — Par l'arrêt du 20 juillet dernier qui a l'autorité de chose jugée, vous êtes Pierre Coignard, c'est sous cette dénomination que vous devez répondre.

R. — J'ai été jugé sur les dépositions de quelques galériens. De pareils témoignages ne peuvent anéantir ni mon état, ni mes titres, ni mes états de services qui constatent qui je suis.

D. — Vous avez usurpé ces titres, les états constatant des faits faux ; vous étiez au bagne de Toulon, à l'époque où, d'après vos états de services, vous étiez dans tel ou tel corps en Amérique.

R. — C'était Coignard et non pas moi. Je l'ai connu malheureux, je lui ai rendu quelques services et il est mort.

M. l'avocat général. — Vous étiez officier dans un corps de partisans espagnols, quand, après avoir été fait prisonnier par les Français, le maréchal Soult vous donna un grade dans son armée ; vous étiez muni de plusieurs états de services, mais le maréchal ni qui que ce soit n'a vérifié s'ils vous appartenaient, ni s'ils étaient vrais ; vous les avez usurpés.

Coignard. — Ils étaient à moi, comte de Sainte-Hélène, qu'on me montre un autre comte de Sainte-

Hélène que moi; personne dans Paris, ni vous non plus, ne peut croire que je suis Coignard.

La Cour, après avoir délibéré, décida que « l'accusé serait tenu de répondre au nom de Pierre Coignard ». Mais Pierre soutint, à toute occasion, qu'il était le comte de Pontis de Sainte-Hélène.

L'audience fut alors suspendue et renvoyée au lendemain; il était fort tard dans la soirée.

*
* *

Dès l'ouverture de la seconde audience, le président posa au principal accusé la question suivante :

D. — Pierre Coignard, est-ce vous qui avez fait obtenir à votre co-accusé Lenormand une pension de retraite de 300 francs sur de faux états de services.

R. — J'ai déjà eu l'honneur de dire à monsieur le président que je me nomme de Pontis et que je ne répondrai pas au nom de Coignard. La mort serait là que je ne changerais pas de langage.

Pour tourner la difficulté et éviter toute perte de temps, le président se résigna à désigner Coignard sous le nom de : « premier accusé ».

Et l'on continua l'interrogatoire de Le-

normand. Ce dernier cherche à se justifier
au sujet de sa pension :

— Ce n'est pas ma faute, dit-il, si le conseil
d'administration du corps a rempli une lacune
dans mes états de services en disant que j'ai été
fait prisonnier à la Jamaïque, puis sergent-major,
puis volontaire royal...

Coignard. — A l'époque où vous avez passé à la
visite, je n'étais plus président du conseil d'administration du corps, j'étais occupé à instruire et
à former la légion de la Seine.

Lenormand. — C'est vrai, mais vous m'avez re-
commandé à M. de X...

Coignard. — C'eût été contre mes principes, car
M. de X... est Suisse et je n'ai jamais aimé les
étrangers.

Pierre rappelle alors son passé militaire
et proteste contre l'outrage qui lui est fait
depuis treize mois et cela avec tant de cha-
leur que le président l'invite à s'exprimer
avec plus de calme.

Que voulez-vous? dit-il, je parle comme un
soldat. Vous remplissez vos devoirs de président,
moi je suis soldat au fond du cœur. Je n'aurais pas
tant fait de belles choses si j'eusse exercé la profession d'avocat; mais il semble que je sois ici un
bouc de malédiction : on veut que je sois l'auteur
de tous les faux, de tous les vols qui se sont commis
dans Paris. Je dévoilerai les brigands, les monstres

qui me persécutent; je ne parle pas de M. le préfet de police qui est un fort honnête homme, mais des subalternes, des misérables, qui...

Le président coupe à nouveau la parole à l'accusé qui s'écrie :

Eh bien! pour aller plus vite, envoyez-moi au cachot et faites-moi mettre tout de suite la chaîne au cou.

C'est sur ces mots que l'audition des témoins commença.

Le premier entendu fut M. Prévost, ancien chef de division au ministère de la Guerre. Il parla de ses relations avec l'accusé, rappela que Mme Prévost, sa femme, étant née de Pontis, Pierre se fit passer adroitement pour son cousin. Le témoin ajouta également que Rosa Marcen lui fut présentée comme femme légitime de l'accusé et comme fille du vice-roi de Malaga.

Coignard. — M. Prévost a trop d'esprit pour ne pas reconnaître qu'il commet ici une erreur. Jamais il n'y eut de vice-roi à Malaga. Mais où est Mme Prévost? Je désirerais qu'elle fût entendue.

M. le président. — Elle est malheureusement décédée.

Coignard. — Ah mon Dieu! que m'apprenez-vous là? Cela me fait mal. J'étais fort attaché à Mme Prévost.

Et pour éluder toutes les questions embarrassantes que l'accusation ne manquait pas de lui faire poser à l'occasion de cette déposition, il s'excusa de ne pouvoir répondre « à cause du trouble que lui causait la mort de Mme Prévost ». Toutefois, reprenant bientôt sa véhémence et son aplomb ordinaire, il répondit à toutes les demandes du président :

Ce sont là, dit-il, de misérables chicanes qu'on me fait depuis un an et qui dévoilent bien les intrigues de la police.

On passe au vol Sergent de Champigny. Bien qu'on ait retrouvé rue Saint-Maur des objets ayant appartenu à l'honorable chef de division, tous les accusés se défendent d'avoir participé à ce cambriolage diurne. Il en sera de même quelques instants après à propos du vol de la rue de Bondy. La victime Mlle Lefebvre aura beau reconnaître un bracelet, une montre, un grand schall de cachemire parmi les pièces à conviction mises sous scellés, lors de la perquisition au domicile des « Carelle et Cie », elle n'arrivera pas à faire avouer les coupables.

Interrogés chacun à leur tour, ils se renfermèrent tous dans un silence prudent.

Rosa se montra plus embarrassée que les autres car elle avait servi en quelque sorte

« d'intermédiaire » dans cette affaire. Elle
était devenue l'amie de Mlle Lefebvre à qui
cette amitié devait coûter cher.

Seul, Pierre ne perdit pas son aplomb. Il
affirma tenir ces objets d'un Espagnol appelé Rodrigo, dont il ne put d'ailleurs fournir ni la demeure, ni la profession; embarrassé par les précisions du président, il se
réfugia dans la colère.

Il injuria le témoin. Le président voulant
le faire taire :

Puisqu'on veut gêner ma défense, s'écria-t-il,
en m'empêchant de faire connaître le degré de confiance que mérite le témoin, je m'oppose à ce que
désormais mon avocat prenne la parole. Quant à
moi, je ne répondrai plus à aucune des interpel-
lations qui pourraient m'être adressées.

Mais il était bien difficile à Coignard de
rester longtemps tranquille; et malgré sa
déclaration, il ne tarda pas à reprendre la
parole. Il voulut même s'en servir au profit
de la fille Laurent, maîtresse d'Alexandre, et
répondre en son nom, ce qui obligea le président à le faire sortir pendant l'interrogatoire de cette fille.

Furieux, Pierre déclara en partant :

Je ne veux plus revenir. Faites-moi conduire
au cachot.

Il revint pourtant et fournit, à nouveau de longues explications, qui ne suffirent d'ailleurs pas à le disculper, tant les témoignages étaient accablants pour lui.

C'est bien faiblement qu'il répondit à l'accusation d'avoir inspiré le vol commis chez le général Marti, et d'avoir obligé Rosa Marcen à faire cette fameuse visite de nouvel an à la suite de laquelle disparurent, outre le linge et les écus du noble Espagnol, certaines croix de la Légion d'honneur qui furent retrouvées dans sa poche au moment de son arrestation.

Puis ce fut le défilé des agents de police ayant coopéré à l'arrestation.

Une longue discussion s'engage sur les coups de feu tirés au cours de la lutte.

Elle tourne cette fois à l'avantage de Pierre.

On reconnaît que la balle qui avait blessé un inspecteur de Vidocq provenait du pistolet de Vidocq lui-même.

La Cour ne retiendra donc pas la « tentative de meurtre » à l'égard du principal accusé.

Le président appelle ensuite les témoins à décharge.

C'étaient pour la plupart d'anciens militaires camarades de Pierre au temps de sa splendeur. Ils vantent ses talents d'officier, font l'éloge de sa probité, de sa loyauté militaire, mais s'excusent sur sa vie privée qu'ils déclarent ne pas connaître.

Ils disaient bien la vérité; c'est cette vie privée, en partie double, où le « comte de Sainte-Hélène » faisait place au forçat Pierre Coignard, qui avait amené l'accusé sur les bancs de la Cour d'assises! Mais l' « officier », lui, avait été impeccable dans l'exercice de ses fonctions.

Malgré tout, l'impression restait franchement mauvaise, le 25 juin au soir, lorsque le président donna la parole à l'avocat général pour soutenir l'accusation.

*
* *

Le Ministère public fut implacable pour le principal accusé. Cependant il ne réclama pas la peine capitale. Il fut relativement tendre pour Rosa, Lenormand, Carette, Soffiet, la fille Laurent et dur pour le reste de la bande.

Le lendemain 26, les plaidoiries commencèrent dès le matin. Mes Millot, Dupin, Penet, Rigal, Lorrain, en défendant énergiquement leurs clients, prouvèrent qu'ils « étaient justement l'espoir du barreau (1) ».

_____

(1) *Journal des Débats* du 27 juin 1819.

LE PILORI

Après le résumé impartial et lumineux des débats par M. Larrieu, président de la Cour, les jurés entrèrent, vers 3 heures et demie, dans la salle des délibérations.

A 7 heures, leur président fit connaître le résultat des délibérations sur les vingt-sept questions posées. Le verdict fut négatif au regard de Rosa Marcen, de la fille Laurent, des nommés Lenormand, Soffict et Carette.

C'était pour eux l'acquittement.

Par contre, Pierre Coignard fut déclaré « coupable de faux et de vol, mais non coupable de tentative d'homicide sur l'agent de police chargé de l'arrêter ». Lexcellent fut convaincu de tentative de vol simple ; Alexandre Coignard également, mais avec circonstances aggravantes (violence, effraction nocturne).

Les deux femmes, Lenormand, Soffict et Carette furent introduits les premiers dans la salle pour entendre la lecture du verdict, ils montrèrent l'émotion la plus vive.

Rosa Marcen pleurait, les hommes criaient : « Vive le roi! Vivent nos princes! »

Les frères Coignard et Lexcellent furent ensuite amenés à l'audience par les gendarmes. Lexcellent prit peur en se voyant lié au sort des deux principaux accusés. Il redoutait une peine sévère ; aussi se livra-t-il à une scène de désespoir, mais il se remit rapidement lorsqu'il apprit qu'il n'était condamné qu'à cinq ans de prison.

Alexandre était consterné en apprenant la décision du Jury à son égard. Quant à Pierre, il continuait à « narguer la société ». L'avocat général requit alors contre eux deux l'application de la loi.

Alexandre demanda anxieusement des renseignements sur sa situation.

Le président, sans lui répondre, l'invita à consulter son avocat et la Cour se retira pour délibérer.

Si Alexandre ne profita pas de l'avis, par contre Pierre en tira tout de suite parti. S'adressant aux avocats, il demanda « à quelle sauce il allait être mangé ». On le renseigna à voix basse :

Ah! j'entends, s'écria-t-il, c'est l'effet de ce fatal arrêt de reconnaissance du 20 juillet. Il faut en prendre son parti.

La Cour rentra en séance quelques instants après et s'occupa d'abord du principal accusé.

Pierre était condamné aux travaux forcés à perpétuité, à l'exposition au carcan et à la flétrissure des lettres T. P. :

On ne parviendra pas à flétrir ainsi tant de cicatrices honorables, s'écria le coupable avec un sourire de pitié.

Quant à Alexandre, en entendant prononcer contre lui les mêmes peines, il s'écria désespérément :

Messieurs les jurés, je suis innocent et je vais vous nommer les coupables.

Et Pierre, soutenant son frère, ajoutait :

— C'est Carette qui vous a mis dans cette mauvaise affaire.
— Oui, Messieurs, oui, sans Carette je ne serais pas ici, conclut en effet Alexandre.

Le président avertit les condamnés qu'ils avaient trois jours pour se pourvoir en cassation et que dans tous les cas ils devaient subir leur peine avec courage et résignation parce qu'ils avaient été condamnés justement par des hommes impartiaux :

Dites indignement, car je ne vous pardonnerai jamais l'arrêt du 20 juillet, rectifia Pierre Coignard (1).

* * *

Après le prononcé du verdict, les deux condamnés se pourvurent en cassation.

(1) Voir la *Gazette des Tribunaux* de 1819.

Quant aux acquittés, ils ne furent pas mis en liberté tout de suite. On attendait des révélations d'Alexandre Coignard et, d'autre part, le Ministère public avait fait des réserves au sujet de plusieurs délits non compris dans l'acte d'accusation et sur lesquels il n'avait pas encore été statué.

Aussi Rosa Marcen et Carette furent-ils retenus pour avoir procuré sciemment à Pierre Coignard « un passeport appartenant à Carette, âgé de 28 ans, et sur lequel, à l'aide d'un grattage, on lisait désormais Carelle, âgé de 48 ans ».

Cette nouvelle affaire vint devant le tribunal correctionnel, le 18 juillet 1819. Rosa Marcen « parut à l'audience vêtue non moins élégamment que lors de sa comparution devant la Cour d'assises mais profondément humiliée », selon le dire des journaux de l'époque.

Le Ministère public requit, contre les coupables présumés, la peine de cinq ans de prison et 100 francs d'amende.

Mes Moret et Dupin jeune plaidèrent non coupables.

Le Tribunal, n'ayant pas trouvé de charges suffisantes, acquitta les deux prévenus qui furent remis en liberté, mais pas pour longtemps, comme nous le verrons plus loin.

*
* *

Soffiet et Lenormand avaient été libérés quelques jours après l'arrêt de la Cour d'assises Ce dernier, d'ailleurs, n'avait été impliqué au procès qu'à cause des faux états de services militaires fabriqués par Pierre Coignard pour fonder son droit à pension de retraite.

Aussi se prévalut-il de son acquittement, en 1823, pour réclamer le bénéfice de cette pension. Il arguait, dans sa réclamation au ministre de la Guerre, que « les débats devant la Cour d'assises n'avaient pas démontré que Coignard et lui s'étaient rendus coupables de faux en ce qui concernait les états de services produits pour l'obtention de cette pension ».

La réclamation ne fut pas admise.

Soffiet, d'origine piémontaise, rejoignit immédiatement son pays natal dès sa levée d'écrou.

Il fit bien, car les révélations d'Alexandre Coignard auraient pu lui être fatales s'il n'avait pas eu le soin de mettre la frontière entre la justice française et lui.

Les deux frères Coignard furent transférés à la prison de Bicêtre. C'est là qu'ils apprirent que, le 6 août 1819, la section cri-

minelle de la Cour de cassation, malgré les
efforts de leurs avocats, Mes Millot et Guil-
lemin, avait rejeté leurs pourvois.

Ils n'avaient plus qu'à attendre « l'exposition au carcan, la flétrissure et le départ de
la chaîne pour le bagne de Toulon »

CHAPITRE VI

LA PRISON DE BICÊTRE

Ce n'était pas une inconnue pour Pierre.
Mais, malgré toute sa superbe, il ne la revit
pas sans frémir.

Il est vrai que les cachots de Bicêtre laissaient loin derrière eux comme modèle
d'horreur ceux de la Bastille.

Bicêtre était, sous la Restauration, une
vieille bâtisse qui avait connu déjà bien des
vicissitudes depuis l'époque de sa construc-
tion, par le duc de Berry, sous Charles V !
Elle n'avait plus rien de magnifique vers
1820 ! Il est vrai que, à moitié démolie par
les uns, vendue par les autres, exposée aux
coups des Bourguignons dès le xve siècle,
cédée par Charles VIII et Louis XI au clergé
de Paris, rasée par le cardinal de Richelieu
et rebâtie immédiatement aux fins de caser-

nement à l'usage des soldats mutilés, il eût été difficile, après tant de transformations, de retrouver parmi les pierres de la prison quelques vestiges du « château féodal ».

Saint Vincent de Paul établit à Bicêtre — avec autorisation de la reine — un asile pour les enfants trouvés, puis un refuge pour les « pauvres mendiants et les tristes vagabonds ».

Par la suite, l'établissement servit à la fois d'hospice et de prison.

Depuis Pierre Coignard, il en a vu bien d'autres et son sort n'est pas même définitivement fixé de nos jours.

Mais le vieux puits de 1735, aux pierres garnies de mousse, large et profond « comme le soupir d'une âme en peine », n'aura pas souvent vu sortir la Vérité.

*
* *

L'ex-comte de Sainte-Hélène fut conduit dans un de ces cachots, auquel on accédait après avoir descendu vingt-six marches. Cependant, il ne fut pas dirigé sur la salle Saint-Léger destinée aux plus grands criminels.

Il allait certainement retrouver quelques visages de connaissance dans le millier de prisonniers que renfermait Bicêtre en ce temps-là.

Tous les condamnés aux galères et aux ferrements s'y trouvaient réunis depuis la fermeture des prisons de la Tournelle et de la tour Saint-Bernard.

C'est de là que partait la fameuse chaîne des forçats depuis 1796... avant la mise en route pour le bagne.

Mais Pierre allait auparavant recevoir la flétrissure.

*
* *

Dès le 13 août, les journaux annonçaient « l'exposition » prochaine des deux Coignard.

Malgré le rejet des pourvois en cassation, cette cérémonie n'eut pas lieu au jour primitivement fixé, au grand désappointement de la foule qui s'était portée en masse sur la place du Palais-de-Justice pour jouir du spectacle.

Pierre Coignard ne monta pas plus sur le tréteau d'infamie ce jour-là que l'ex-général Sarrazin, autre condamné célèbre de la Cour d'assises de la Seine, à la même époque.

La curiosité populaire fut encore déçue les 5 et 21 septembre : neuf malfaiteurs de médiocre importance figurèrent seulement sur le « théâtre » de la place, à cette dernière date.

Mais, le lendemain mercredi, Pierre fut attaché au carcan.

Ce n'étaient ni l'écriteau infamant, ni le collier de fer le reliant au poteau, ni les milliers de regards tournés vers lui qui pouvaient intimider un « homme de son importance ».

Tout le temps de « l'exposition » au public, le pseudo-comte de Sainte-Hélène garda un air calme et arrogant.

Ce qui prouve bien que les rédacteurs du Code s'étaient lourdement trompés en croyant à l'effet « moralisateur » de cette peine, vestige des anciens temps! Car ils étaient nombreux les bandits qui, du haut de leur perchoir, narguaient encore la société.

Les réformateurs de 1832 firent bien de supprimer de l'arsenal de nos lois « ce supplément de traitement » accordé aux malfaiteurs déjà condamnés à des peines afflictives et infamantes pour les mêmes faits.

Quoi qu'il en soit, Pierre fut crâne, même pendant l'apposition du fer rouge sur son épaule à la fin de l'exposition. Cependant, cette flétrissure était douloureuse, lorsque l'exécuteur appuyait l'outil un peu fortement. Ce fut le cas pour Coignard, qui ne put retenir un mouvement de rage, et dès qu'il fut détaché du poteau, il donna force coups de pieds à ses gardiens.

Cinq hommes furent obligés de le descendre du tréteau pour le jeter dans la voi-

ture qui devait le reconduire du pilori à
Bicêtre.

*
* *

Ainsi donc, Alexandre Coignard, cependant condamné à la même peine que son
frère, ne figurait pas sur la place du Palais-
de-Justice le 26 septembre 1819. Pourquoi?

Parce qu'une instruction nouvelle était en
cours depuis les révélations que le malheureux avait faites au procureur général, le
22 juillet dernier.

Le juge Meslier, commis à cet effet, avait
recueilli ses déclarations à Bicêtre et le
5 août suivant, dans un long mémoire,
Alexandre dénonçait les nombreux vols jusqu'alors inconnus de la police, commis par
Carette, Massoneau, Soffiet et son propre
frère Pierre. De plus, il accusait Soffiet d'un
crime « crapuleux » exécuté à Toulouse en
1814, de concert avec un autre forçat en
rupture de ban répondant au nom de Trammecin.

Ses révélations portant un caractère de
vérité assez frappant, le procureur général
crut de son devoir d'en aviser le garde des
Sceaux le 20 septembre et de demander des
instructions nouvelles quant à la punition
du dénonciateur.

Il le fit dans les termes suivants :

…D'après les lettres qu'il m'a adressées, Alexandre Coignard s'est décidé à faire des déclarations dans l'espoir d'obtenir un sursis et peut-être d'arriver à une commutation de peine. Si l'exécution avait lieu immédiatement il y aurait donc lieu de craindre que ce condamné ne se rétractât et ne refusât de donner à la justice les diverses indications dont elle aura besoin pour suivre le fil qu'il vient de placer dans ses mains.

Cette considération m'a déterminé, Monseigneur, à ne pas faire exposer et flétrir Alexandre Coignard en même temps que son frère *qui subira demain cette partie de sa peine*. J'ai cru que je devrai préalablement en référer à Votre Grandeur.

Maintenant, je la prie de me faire connaître si je dois surseoir à l'exécution à l'égard d'Alexandre Coignard jusqu'à ce que l'instruction à laquelle donneront lieu ses révélations soit terminée ou si cette exécution doit avoir lieu sans délai.

Je suis, avec respect…

Huit jours après, le garde des Sceaux approuvait la décision de son procureur général et l'autorisait à surseoir à l'exécution de la peine du pilori pour Alexandre jusqu'à ce que l'instruction nouvelle basée sur les révélations de ce dernier fût terminée.

* *
*

Pendant ce temps, Pierre, dévoré de vermine et bien mal nourri dans son cachot humide et malsain, attendait son tour pour passer dans « la cour des fers ».

Là se préparait la lourde chaîne des forçats.

Là s'exécutait la cérémonie du ferrement, lorsque la grâce avait été rejetée. Et Pierre savait bien qu'il n'avait rien à attendre de la clémence royale.

Aussi entrait-il dans la catégorie des malheureux qui voyaient leurs illusions détruites, leurs calculs trompés, leurs projets avortés.

« C'est à ce moment que l'espérance d'un meilleur sort s'éloignait dans un avenir presque imaginaire. Il fallait, en quittant Bicêtre, renoncer à la vie triste mais sédentaire de la prison pour entreprendre un voyage qui devait être l'objet de la curiosité des habitants des villes et des villages qui se trouvent sur la route. Il arrivait souvent qu'un forçat passait dans un hameau où il avait reçu le jour, où ses parents le conjurèrent d'être toujours honnête homme! Il revoyait, hélas! trop tard, les lieux de sa tranquillité primitive; quelle triste impression sur son âme, si son père ou sa mère, son frère ou sa sœur étaient parmi les curieux attirés par ce passage. Il était reconnu, déshonoré à jamais et sa famille quoique honnête ne pouvait échapper au triste préjugé que laissait souvent une telle condamnation (1). »

Le départ des chaînes n'avait pas lieu à date fixe : on attendait généralement que les prisons de Paris fussent trop pleines ou que les bagnes fussent trop dégarnis. Mais lorsque l'autorité supérieure avait fixé le jour, l'opération ne traînait pas!

De lourdes charrettes amenaient les fers à Bicêtre. Elles étaient accompagnées par la chiourme, soldats vêtus d'un uniforme bleu, rouge et jaune, aux couleurs sales et passées. Au bruit qu'elles faisaient, en franchissant la porte cochère et les voûtes, les prisonniers se réveillaient. Ils se montraient aux fenêtres. Derrière les barreaux, des figures étranges apparaissaient alors : on eût dit des masques de damnés. Des imprécations jaillissaient de toutes parts. Des rires fusaient par endroit. Des poings menaçaient le ciel. Un mouvement extraordinaire emplissait la prison, mais il n'y avait malgré tout aucune possibilité de fuite pour les condamnés, la garde aux issues ayant été

(1) *Bagnes, Prisons et Criminels*, par APPERT, t. I⁰ʳ.

doublée dès le matin. Les guichetiers allaient et venaient d'un air affairé à travers les portes ouvertes et refermées précipitamment.

Les gardes-chiourmes, plus communément appelés « argousins », montaient sur les charrettes pour les décharger. Ils allaient vite en besogne; c'étaient pour la plupart de solides Auvergnats, qui exerçaient la profession de commissionnaires, porteurs d'eau ou charbonniers dans l'intervalle des voyages de la chaîne à travers la France. Les lourdes charges étaient leur affaire.

Bientôt chaînes, colliers et habits de toile s'entassaient sur le pavé.

Un moment après « deux ou trois portes basses vomissaient presque en même temps et comme par bouffées, dans la cour, des nuées d'hommes hideux, hurlants et déguenillés : c'étaient les forçats. A leur entrée, redoublement de joie aux fenêtres; quelques-uns d'entre eux, les grands noms du bagne, étaient salués d'acclamations et d'applaudissements qu'ils recevaient avec une modestie fière (1) ».

Les prisonniers arrivaient par fournées de vingt-six.

Le capitaine de la chaîne, suivi de son

____

(1) VICTOR HUGO, *les Derniers Jours d'un condamné.*

lieutenant, commençait son inspection. Il demandait tout d'abord s'il n'y avait pas parmi les partants d'anciens forçats évadés, des « chevaux de retour » suivant le langage imagé des bagnes. Pendant son examen, chacun lui faisait la cour, même les prisonniers qui ne l'avaient jamais vu. Malgré la grande habitude, le capitaine s'enivrait bien un peu de ces hommages; cependant, il ne se troublait pas et il reconnaissait parfaitement les siens parmi « toute sa marchandise » comme il appelait les condamnés.

C'était ensuite l'heure de la visite. Les détenus se mettaient nus et les médecins passaient dans les rangs. Quelques malheureux cherchaient une excuse pour éviter le bagne. L'un se plaignait d'avoir mal à la jambe, l'autre aux yeux, le troisième à la main. Mais toutes les roueries étaient inutiles; les hommes de l'art restaient inflexibles; compassés dans leurs cravates blanches, raidis sous l'habit noir, comme des acteurs qui se sentent regardés du public, les médecins allaient, les reconnaissant tous après un semblant d'examen : Bons pour le bagne.

Les geôliers suivaient les médecins. Ces deux visites terminées, chaque condamné revêtait ses propres habits. Ceux qui n'en avaient pas recevaient un des sarraus et des pantalons de toile apportés par les charrettes.

LE FERREMENT DES FORÇATS

Ce triste uniforme s'appelait le « taffetas » en argot de prison. Il n'était guère imperméable! Les chapeaux appartenant aux condamnés étaient débordés, les vêtements étaient largement échancrés à l'encolure : cette lacération avait pour but de prévenir les évasions. Enfin aucun forçat ne pouvait conserver plus de 6 francs; l'excédent de cette somme était remis au capitaine, qui délivrait des subsides en route au fur et à mesure des besoins. Souvent, les prisonniers cachaient dans des gros sous creusés au tour les louis qu'ils avaient pu dérober à la fouille.

Puis, après avoir revêtu ces malheureux de leurs habits de route, on les « appareillait », sans se soucier ni du motif de leur condamnation, ni de leur moralité, ni de leur âge. Tous étaient confondus dans le même esclavage. On ne tenait compte que du rang de taille, ou même de l'ordre alphabétique.

Les couples étaient ensuite amenés treize par treize dans le coin de la cour où se trouvait le cordon, « la ficelle », sorte de grosse chaîne placée à terre, coupée transversalement de deux pieds en deux pieds par vingt-six petites chaînes plus courtes aux extrémités desquelles se rattachaient des colliers ou carcans triangulaires s'ouvrant au moyen d'une charnière. Un argousin saisissait alors la tête de chaque condamné et essayait de la faire entrer dans le collier afin de se rendre compte si cette « cravate » d'un genre spécial ne pouvait s'enlever d'une tête trop petite. Puis, deux forgerons de la chiourme, armés d'enclumes portatives, rivaient à froid les boulons fermant les carcans à grands coups de masse de fer. « C'était un affreux moment où les plus hardis pâlissaient. Chaque coup de marteau asséné sur l'enclume appuyée à leur dos faisait rebondir le menton du patient : au moindre mouvement en avant ou en arrière le marteau aurait fendu les crânes, comme des coquilles de noix (1). » Cette besogne achevée, un détenu armé de longs ciseaux coupait les cheveux et les favoris de ces misérables, en prenant soin de les laisser inégaux. Dès qu'une « chaîne » était prête, on la faisait asseoir dans le fond de la cour sur le pavé, dans la boue. Puis l'opération recommençait. Vingt-six autres prisonniers descendaient pour subir le même sort. Après le ferrement du dernier détenu désigné pour partir au bagne, il y avait un instant de repos. On entendait par intervalle un cri, puis le bruit sourd du bâton des gardes-chiourmes sur le dos des récalcitrants. A ce moment les visi-

(1) Voir *Bicêtre*, par PAUL BRU.

teurs pouvaient approcher et avaient le droit d'exercer leur générosité.

Ces visiteurs étaient nombreux, car le « Tout-Paris » ne manquait pas de venir assister à ce spectacle malsain et d'étaler au milieu de cette misère de riches toilettes, ou de superbes diamants.

Les hommes sont bien les mêmes à toutes les époques! N'a-t-on pas vu, de nos jours, supprimer l'exécution sur la place publique et dresser l'échafaud aux abords mêmes de la prison de la Santé afin d'éviter cette curiosité malsaine de la foule!

Il y a des « tricoteuses » dans tous les temps et dans toutes les classes de la société!

Quoi qu'il en soit, cette multitude de spectateurs, occupés à sabler le champagne dans les cabarets des alentours jusqu'à l'heure de l'ouverture de la prison, pouvait s'en donner à cœur joie autour de ces hommes enchaînés, qui livrés à eux-mêmes vociféraient d'horribles plaisanteries, s'excitant les uns les autres à provoquer par des gestes abominables le rire stupide de leurs compagnons. Ni les oreilles, ni la pudeur n'étaient épargnées, tout ce que l'on pouvait voir ou entendre était immoral ou discordant.

« Ce qui est affligeant, écrit M. Appert, déjà cité, qui a vu le départ d'une chaîne à

Bicêtre, c'est de remarquer l'espèce de mérite que ces hommes accordent à celui qui
montre le plus d'effronterie. Aucun sentiment de honte ne se manifeste dans ce milieu ; le silence même est regardé comme de
la lâcheté et, pour recevoir des applaudissements, il faut hurler le plus fort et afficher
le dévergondage le plus criminel.

« La douleur que fait naître une semblable
description ne peut égaler celle qu'on éprouve
en voyant cette réunion de criminels qui
se pressent pour jouir plus tôt de leur infamie, la gaîté des agents et des galériens
n'offre pas de différence, elle frappe le cœur
d'étonnement et de peine. On ne peut s'empêcher de gémir sur le sort de ces malheureux,
d'éprouver un sentiment intérieur de compassion ; car les vices de l'homme ne changent
pas sa nature ; ils l'avilissent, mais il reste
toujours cet extérieur qui nous dit qu'il est
notre frère. Cependant, au milieu de la pitié
dont on ne peut pas se défendre devant un
pareil spectacle, une autre émotion la domine
et parvient quelquefois à l'étouffer : c'est le
dégoût. Vu à quelque distance, cet horrible
tableau déchire l'âme et la fait pleurer ; vu
de près, il navre le cœur et dessèche les
larmes. Les traits de la plupart des condamnés
sont absolument insignifiants, leur physionomie, loin d'offrir les signes d'abattement

et de repentir, semble affecter de prendre une marque de cynisme et de bravade. On rougit de les voir si avilis; et cette honte que l'on a pour eux, ils ne paraissent pas la comprendre. Ils ont, en général, l'air peu soucieux de leur position; ils acceptent, avec un sourire de satisfaction stupide, le camarade que la chaîne vient de leur imposer et lient avec lui une conversation où il faut nécessairement que les deux esprits descendent au niveau l'un de l'autre, que l'un d'eux ait l'âme gangrenée et que l'autre porte encore en lui des germes de bien, ils seront détruits par les conversations et les conseils du premier qui est le plus hardi et le plus criminel. C'est le contact de la peste qui vicie et infecte tout ce que son haleine effleure.

« L'image que présente le ferrement de la chaîne est donc surtout celle d'une parfaite insensibilité; encore si cette insensibilité apparente dénotait un désespoir caché, si sous ce manteau d'audace et de révoltante effronterie on pouvait deviner le repentir ou du moins le regret de la vie passée! mais non! Le plus grand nombre sent moins l'horreur de sa position que cette foule indifférente et curieuse qui, elle, ne peut être témoin insensible d'une scène dégradante pour notre espèce. »

Le tableau brossé avec tant de force par

Au fait n'était pas exagéré, hélas! L'insensibilité dont parle cet auteur était telle qu'après le départ du public les forçats se levaient tout à coup et formaient une ronde. Alors, un d'entre eux, généralement un « cheval de retour », chantait la complainte des galériens. Et chacun répétait en chœur le refrain (1) :

La chaîne
C'est la gêne;
Mais c'est égal
Ça n'fait pas de mal.

Nos habits sont écarlates,
Nous portons au lieu d'chapeaux
Des bonnets et point d'cravates,
Ça fait brosse pour les jabots.
Nous aurions tort de nous plaindre,
Nous sommes des enfants gâtés,
Et c'est crainte de nous perdre
Que l'on nous tient enchaînés.

. . . .

Nous ferons de belles ouvrages
En paille ainsi qu'en coros
Dont nous ferons étalage
Sans q'nos boutiques pay' d'impôts.
Ceux qui visitent le bagne,
N's'en vont jamais sans acheter
Avec ce produit d'l'aubaine
Pour nous arroser l'gosier.

. . . .

(1) **Extrait** des *Mémoires de Vidocq*.

Quand vient l'heure de s'bourrer l'ventre
En avant les haricots !
Ce n'est pas bon, mais ça entre,
Tout comm' le meilleur fricot.
Not' guignon eût été pire,
Si, comm' des jolis cadets,
On nous eût fait raccourcire
A l'abbaye d'Mont-à-Regret.

. . . .

Cependant il est juste d'ajouter que tous les forçats n'étaient pas également endurcis ; souvent du côté des jeunes, on entendait éclater des sanglots ; mais ces marques de douleur ou de repentir étaient accueillies par des huées et des injures. Aussi les pleurs étaient-ils vite séchés ! D'ailleurs les préparatifs du départ venaient rompre la monotonie de l'attente ! Les chevaux étaient à nouveau attelés aux lourdes charrettes découvertes.

Dans chacune d'elles montait un « cordon ». Les forçats étaient adossés les uns aux autres, séparés par la chaîne commune. Un argousin se tenait à l'extrémité, le fusil chargé.

Et les voitures franchissaient la cour entre deux haies de soldats, escortées de gendarmes à cheval pour prendre la route de Fontainebleau.

Quelques coups de bâton pleuvaient sur

les épaules des criards... la foule s'écoulait lentement... et tout rentrait dans l'ordre.

*
* *

Pierre n'évita pas ce long cérémonial qui fut en usage jusqu'en 1835. A cette date, qui est justement l'année de la mort de Coignard, les chaînes furent supprimées.

Il ne manqua pas de représentants de toutes les classes de la société, ce 15 octobre 1819, pour voir ferrer « l'ex-comte de Sainte-Hélène »!

Il chercha bien à se soustraire à cette opération par tous les moyens en son pouvoir, mais hormis la maladie, il ne lui restait plus grand'chose à tenter!

Il essaya donc de cette dernière planche de salut!

Il eut un fort accès de fièvre! Rayé d'abord de la liste des « partants » — ce qui fit commettre une erreur aux journaux de l'époque — il fit néanmoins partie du sinistre convoi.

Le 14 au soir, un ordre supérieur arriva à Bicêtre ordonnant de faire partir coûte que coûte le célèbre malfaiteur! Les autorités n'étaient pas tranquilles à son égard!

Pierre passa donc une nouvelle visite pour la forme et fut reconnu bon pour le bagne.

La cérémonie du ferrement était déjà

terminée! Mais peu importait. On détacha un « misérable de moindre importance » et Coignard prit sa place...

La foule qui assistait à son départ l'invectivait. Froid et sévère, Pierre la dominait du haut d'une des charrettes qui emmenait les forçats de Bicêtre, mais bientôt, agacé par les regards narquois, il se couvrit la figure de son mouchoir.

Rosa Marcen avait tenté une suprême démarche à la prison quelques instants avant le départ.

Dans une mise assez recherchée, elle se disposait à suivre, à pied, le lourd convoi, lorsqu'elle fut arrêtée.

Conduite au dépôt, remise en liberté peu de temps après, elle fut incarcérée à nouveau à cause des révélations de son beau-frère Alexandre Coignard.

CHAPITRE VII

DE L'EFFET DES RÉVÉLATIONS D'ALEXANDRE

Elles donnèrent lieu à une instruction longue et laborieuse, tant les faits incriminés étaient anciens et leurs auteurs dispersés aux quatre coins de la France, et même à l'étranger.

C'est ainsi que Soffiet, accusé par Alexandre d'un meurtre commis en 1814 à Toulouse, avait passé la frontière au lendemain de son acquittement dans le procès des voleurs.

Il y avait donc lieu à extradition.

Après entente avec le parquet de Toulouse, celui de Paris se décida à lancer, malgré tout, un mandat d'amener contre « Soffiet, Jacques, ex-garde-magasin, âgé de 39 ans, précédemment domicilié à l'hôtel du Rhône, rue du Croissant, à Paris, et actuellement en fuite ».

Et, par lettre du 27 octobre 1819, le procureur avait indiqué à son garde des Sceaux que, le prévenu devant avoir rejoint son pays natal, il serait utile d'obtenir du gouvernement sarde l'extradition du prévenu.

Mais, le 12 novembre suivant, le ministre de la Justice informait le parquet que ce pays étranger n'accordait pas l'extradition de ses sujets, sa législation lui permettant de les poursuivre devant ses propres tribunaux pour crimes commis par eux hors du Piémont.

En conséquence, le procureur était invité à poursuivre la procédure concernant Soffiet et à la faire transmettre au ministère des Affaires étrangères pour suite à donner.

Puis, le 25 avril, on lui demandait des renseignements sur la marche de l'instruction.

Le 12 juillet 1820, il était en outre informé qu'aucun rapport n'étant encore parvenu au ministère quant à cette affaire, « il devrait se conformer strictement aux ordres reçus et avoir à réparer sans retard cette omission ».

Aussi, dès le 17 août, le procureur du roi fit connaître, en ces termes, au garde des Sceaux, le résultat de l'instruction qui avait démontré jusqu'à l'évidence que

...Carette, Soffiet et Massoneau appartenaient

à cette bande de voleurs dont Coignard était le chef. Cependant, sur un assez grand nombre de vols, il n'existait contre les prévenus que la seule déclaration, d'Alexandre Coignard. Dans quelques autres vols commis à l'aide de fausses clefs et d'effraction des charges assez fortes m'ont déterminé à requérir la mise en prévention de Carette, Soffiet et Massoneau et Rosa Marcen; la Chambre du conseil n'a point encore statué sur mes conclusions.

Il n'y avait d'ailleurs pas que le garde des Sceaux qui s'impatientait, il y avait aussi les prévenus.

C'est ainsi que Rosa Marcen appela l'attention sur son malheureux sort par une supplique (1) des plus attendrissantes, le 12 novembre 1820.

(1) A Son Excellence, Monseigneur le Ministre de la Justice.

« Monseigneur,

« Après une détention de 14 mois, j'ai été reconnue innocente par la Cour d'assises et cependant on m'a retenue en prison et traduite devant le Tribunal de Police Correctionnelle qui m'a déclaré innocente encore (*sic*).

« A peine en liberté, j'ai été arrêtée de nouveau et, depuis 13 mois, j'implore comme une grâce, ce qui ferait l'effroi des autres accusés, un jugement que je ne puis obtenir.

« Cependant ma santé s'altère. Je suis sur le point de perdre la vue par suite de ma détention prolongée, privée de mes effets qui me sont retenus et du secours que je trouverais au dehors.

« Je suis dans un dénuement absolu et mon malheureux enfant dont je suis séparée éprouve la rigueur du sort qui

Bien entendu cette requête fut enregistrée à la Justice et transmise au procureur qui fut invité, le 12 décembre 1820, à compléter les explications contenues dans sa lettre du 17 août.

Deux jours après, le parquet du tribunal de première instance de la Seine, se conformant à cet ordre, informait le chef suprême de la magistrature que « l'affaire Rosa Marcen et consorts » viendrait devant la Cour d'assises le 22 décembre 1820.

*
* *

Carette et Rosa Marcen comparurent seuls aux bancs des accusés. Les affaires Soffiet et Massoneau furent, en effet, momentanément disjointes étant donné la « position d'absence » du premier de ces deux derniers accusés.

accable sa mère infortunée. Ce n'est plus à votre compassion, Monseigneur, c'est à votre justice que j'adresse ma demande ; elle verra qu'elle doit être accueillie ; après une détention de deux années et trois mois, ma qualité de femme, de mère et d'étrangère et surtout mon innocence sont des titres pour avoir enfin justice ou liberté.

« Je réclame et attends de vous, Monseigneur, des effets qui me sont de la plus grande nécessité et qui m'appartiennent, qui m'ont été cédés et déposés au Palais de Justice, qui consistent en argent, bijoux et vêtement à mon usage.

« J'ai bien l'honneur avec respect...

« Votre très humble et très malheureuse servante.

Signé : ROSA MARCEN. »

Rosa était correctement vêtue, mais n'avait plus l'air hautain d'autrefois.

Dès le début de l'audience, Carette demanda la remise de l'affaire à cause d'une indisposition de son avocat, mais le défenseur de Rosa Marcen, Me Barthe, s'y opposa. Le Ministère public fit de même, et la Cour ne donna pas satisfaction au demandeur.

Les débats durèrent trois jours tant étaient nombreux les témoins cités.

Ce furent tous ceux intéressés de près ou de loin aux nombreux vols commis par la bande, et dont l'existence n'était pas encore connue lors « du procès des voleurs ».

C'est ainsi qu'il fut question du vol commis chez M. le comte d'Antichamp, pair de France, à qui l'on déroba, outre 3.500 francs en or, une paire d'épaulettes et des pistolets pendant qu'il se trouvait à la Chambre des Pairs.

Mais le clou du procès fut la confrontation de Carette et d'Alexandre. Le dernier se disait victime du premier, et le premier essayait de se disculper en rejetant le poids de ses fautes sur le forçat Pierre Coignard. Mais celui-ci, à la fin des débats de 1819 — alors qu'il était déjà condamné — avait, dans un élan de générosité à l'égard d'Alexandre, accusé Carette de s'être fait le mauvais génie de son frère.

Cette affirmation avait, à ce moment-là, un certain poids. Les révélations écrites d'Alexandre en eurent un autre, lors de l'instruction. La confrontation à l'audience allait achever la déroute de Carette.

C'était, en effet, le plus habile fabricant de fausses clefs qu'on ait jamais connu. Pour donner un échantillon de son adresse, il força un jour, à Bicêtre, devant son gardien ébahi, une grosse serrure et un cadenas non moins résistant avec le premier morceau de fer qui lui tomba sous la main. C'est ce qui expliquait la présence des poupées de bois enduites de cire, servant à modeler la gorge des serrures profondes, trouvées au domicile de Lexcellent, de Pierre Coignard et de Carette.

Chez Carette notamment, on trouva l'empreinte de la clef de l'appartement occupé, rue du Petit-Carreau, n° 9, par son propriétaire.

Connaissant la réputation de fortune de celui-ci, son avarice, son amour immodéré des pièces d'or entassées dans de « vieux bas de laine », Carette avait résolu de le dévaliser.

Il n'en eut pas le temps.

De même, la perquisition au « repaire des brigands » avait permis de découvrir une fausse clef destinée au cambriolage de l'appartement du comte de Kerkales, une autre qui devait servir à dévaliser un officier de pompiers de leur connaissance logé rue du Harlay, à deux pas de la préfecture de police!

L'audace des bandits n'avait pas de bornes.

Et cependant certaines empreintes n'étaient pas faciles à prendre! C'est ainsi que chez l'officier de pompiers, il n'avait pas été possible de saisir pendant quelques instants la véritable clef du logis — laissée d'ordinaire sur la cheminée — pour en prendre le modèle.

Carette dut user d'un subterfuge. Il se rendit chez l'officier avec Massoneau, qu'il laissa à quelques pas de la porte. Puis il pénétra comme à l'habitude chez le militaire sous un prétexte quelconque.

Pendant qu'il causait avec l'officier, Massoneau frappa; le maître du logis alla lui ouvrir la porte; et pendant qu'ils parlementaient, Carette, resté seul, préleva rapidement l'empreinte de la clef, laissée cette fois à sa place habituelle, pour en faire l'usage que l'on devine.

L'habileté de Carette était telle dans cette fabrication spéciale, qu'il put un jour reproduire une clef sans la posséder, simplement en l'examinant longuement ainsi que sa serrure : témoin l'affaire du bijoutier où, faute de pouvoir faire autrement, Carette préleva « des yeux » l'empreinte de la clef du magasin, pendant qu'Alexandre Coignard discutait avec le négociant pour l'achat « d'une pacotille destinée à l'Amérique ».

La confrontation d'Alexandre et de Carette fut, comme on pense, des plus mouvementées : les dénégations succédaient aux affirmations et les injures aux menaces. Carette alla jusqu'à reprocher à Alexandre d'avoir dérobé la redingote qu'il portait sur lui.

L'interrogatoire de Rosa Marcen ne souleva aucun incident : elle n'était accusée que d'avoir servi de recéleuse à la bande... Sa défense était plus facile.

Après le défilé des témoins, la parole fut donnée au Ministère public.

L'avocat général, M. de Marchangy, dans une brillante plaidoirie, résuma en ces termes l'histoire des « révélations d'Alexandre (1) » :

Un spectacle singulièrement dramatique et digne du sombre génie de Dante et de Milton a dû frapper vos esprits. Un homme précipité par un arrêt dans un abîme d'infamie, flétri et pour toujours expulsé de la société, est appelé du fond des cachots pour être confronté avec un de ses complices. Il s'engage entre eux un dialogue effroyable dans lequel ils s'imputent mutuellement des crimes et profèrent l'un contre l'autre les reproches, les injures, les imprécations...

(1) Voir les *Débats* du 25 décembre 1820.

Dans cette nuit éternelle de honte et de douleur, Alexandre Coignard ressemble à ces êtres réprouvés qui, du milieu de leur supplice, poussent des paroles funèbres contre les séducteurs qui les ont fait révolter contre la vertu; ils les appellent à grands cris pour qu'ils viennent partager leurs maux et implorent une vengeance qui, dans les fers, est presque une jouissance légitime.

Tel est Alexandre Coignard, noirci de ses crimes, obscurci par ses larmes, anéanti par sa misère, il a cependant, à force de remords, ennobli la cause de ses ressentiments contre le perfide compagnon de ses désastres. En l'écoutant lui redemander la paix, l'honneur, l'estime et la liberté qu'il lui a fait perdre, un miracle s'est opéré dans les débats. Celui qui est déjà condamné a paru moins coupable que celui qui ne l'est pas encore. Voilà, Messieurs, voilà les impressions grandes, vives, lumineuses que la justice divine jette dans vcs consciences, pour que vous puissiez, par vos décisions, servir d'interprètes à ses décrets.

Après les plaidoiries des avocats de chacun des accusés, le Jury se retira dans la salle des délibérations.

Il mit Rosa Marcen hors de cause. Il chargea Carette, au profit d'Alexandre.

En conséquence, la Cour condamna l'habile fabricant de fausses clefs, le cambrioleur de toujours, le récidiviste Carette à quinze ans de travaux forcés.

A la lecture de l'arrêt, Carette protesta

de son innocence avec beaucoup de sang-
froid :

Je souhaite, dit-il, simplement que MM. les
jurés aient la conscience aussi nette que la
mienne.

*
* *

Alexandre, en récompense de ses révélations, ne fut pas envoyé au bagne.

Sa peine des travaux forcés fut commuée
en celle de la détention simple à la prison
centrale de Melun. Il en sortit en septembre
1835, après dix-sept ans d'emprisonnement.

A cette époque, Alexandre ne pouvait plus
être dangereux, son frère venait de mourir
au bagne.

Quant à Rosa Marcen, si elle fut cette fois
définitivement remise en liberté, elle eut
encore maille à partir avec la justice, au sujet des effets et bijoux saisis chez elle et que
le greffe de la Cour d'assises refusait de lui
rendre.

Elle demanda aide et protection au garde
des Sceaux le 30 mars 1821 « comme femme,
mère d'un enfant infortuné, et comme...
étrangère », ce qui n'était pas logique, car
si elle avait été vraiment l'épouse légitime
de Pierre, elle serait devenue Française par
l'effet du mariage.

Elle réclamait donc la remise de 2.600 fr., de ses bijoux et de sa garde-robe, retenus, par ordre du procureur général, M. Bellan.

Ce dernier, invité à faire connaître les motifs de son refus, fit savoir le 7 mai suivant :

...Que l'argent, les bijoux et les effets avaient été saisis au domicile de Pierre Coignard et non dans un logement particulier à la fille Rosa Marcen ;

...Que cet argent, ces bijoux et ces effets appartenaient aux héritiers de Pierre Coignard comme mort civilement, et que Rosa Marcen, concubine de Pierre Coignard, n'y avait aucun droit ;

Qu'en outre le seul fait de concubinage ne donnait à la concubine aucun droit légal sur les effets qui étaient dans le domicile de l'homme qui la recevait ;

Et qu'enfin la justice ne pouvait faire remise à Rosa Marcen des objets qu'elle réclamait, sans que l'on ait appelé auparavant les héritiers de Pierre Coignard pour les mettre en état de contester, procédure qui n'avait point été suivie par la réclamante.

Ainsi donc le Ministère public contestait à Rosa Marcen le titre d'épouse légitime du pseudo de Pontis de Sainte-Hélène.

Elle ne s'inscrivit pas en faux contre cette déclaration et ne produisit aucune pièce, soit française, soit espagnole, de nature à justifier sa position de femme mariée. Elle se contenta de se plaindre du comte « qui l'avait trompée et entraînée dans sa chute ».

*
* *

Le parquet en avait presque terminé avec la célèbre bande. Elle devait cependant lui causer encore quelques ennuis.

Le garde des Sceaux avait en effet invité le procureur à lui adresser une copie des pièces de la procédure renfermant des charges contre Soffiet, réfugié à Pianez-en-Piémont, afin de les transmettre au Ministre des Affaires étrangères pour que « cet individu fût poursuivi conformément aux lois de son pays ».

Or, le 16 février 1822, la Cour avait condamné Soffiet et Massoneau, par contumace, à vingt ans de travaux forcés.

Comment allait-on poursuivre l'exécution de cet arrêt?

Allait-on le transmettre au gouvernement sarde?

Il y eut, à ce sujet, un moment d'hésitation. On risquait de froisser les magistrats de ce pays qui avaient seuls le droit de connaître des crimes commis par leurs compatriotes à l'étranger, selon leur propre législation.

Mais le ministre de la Justice, consulté,

fut d'avis de transmettre, malgré tout,
l'arrêt de contumace par l'intermédiaire du
Département des Affaires étrangères, et le
vicomte de Chateaubriand le communiqua
donc à l'ambassadeur de Sardaigne le 1er juillet 1823.

Quant au procureur général, il fut invité
à ne plus provoquer de condamnation, à
l'avenir, dans des cas semblables.

La série des procès fut close sur ce dernier
jugement!

Les pièces intéressant « le nommé Coignard » trouvées chez le pseudo-comte de
Sainte-Hélène, et probablement fabriquées
par ce dernier dans son intérêt ou dans celui
de son frère, sans toutefois que le faux ait
pu être judiciairement prouvé, furent re-
tournées au ministère de la Guerre pour
« ses archives ».

La magistrature vidait ses cartons.

CHAPITRE VIII

LA CHAÎNE DES FORÇATS A TRAVERS LA FRANCE

Mais qu'était devenu Pierre Coignard depuis son « ferrement » ?

Il avait fait tristement le chemin de Bicêtre à Toulon avec la chaîne qui s'était grossie en cours de route des forçats recueillis dans les différents lieux de groupement si bien qu'ils arrivèrent à l'effectif de quatre cent cinquante-cinq hommes, au terme de leur voyage, le 20 novembre 1819.

Cette traversée de la France était lugubre. Les voitures sans ridelles allaient cahin-caha, secouant terriblement les vingt-six malheureux enchaînés qu'elles transportaient. Ceux-là étaient encore les privilégiés ! Un ou deux cordons composés des plus robustes condamnés ou des plus turbulents marchaient à pied, pour faire faire des économies au capitaine sur ses frais de transport.

Malheur aux femmes seules, aux boutiques isolées qui se trouvaient sur leur chemin. Les unes étaient houspillées et les autres dévalisées avant que les gardes-chiourmes, attirés par le bruit, aient eu le temps d'arriver pour mettre fin au scandale. A vrai dire, les gardiens mettaient peu d'empressement à faire la police de la chaîne, sachant d'avance qu'ils auraient leur part dans les larcins de leurs prisonniers. Comme les carabiniers, mais systématiquement, ils arrivaient toujours trop tard.

Ainsi les recrues nouvelles prises aux centres de rassemblement étaient dépouillées par leurs camarades, sans obtenir le moindre secours des argousins.

Et l'on allait ainsi chaque jour d'un relai à un autre.

Dans les campagnes, c'étaient quelques étables ou écuries, construites pour les meneurs de troupeaux, qui servaient de cantonnement à tout le personnel de la chaîne.

Dans les villes, c'étaient les grands locaux éloignés des habitations.

Dans l'un comme dans l'autre cas, les futurs forçats étaient également mal installés. Serrés les uns contre les autres, n'ayant pas même la place d'allonger leurs membres raidis par la fatigue, ils n'avaient qu'une seule préoccupation : celle de ne pas secouer leurs chaînes pour éviter les coups de bâton des gardiens.

Après l'appel et la vérification des fers, le moment du repas arrivait : un cuisinier de hasard jetait aux forçats une cuillerée de soupe, un morceau de pain, un peu de viande, en leur criant : « Tends ta gamelle, voleur! »

Les deux onces de fromage, le litre de vin, en sus du pain, du bouillon et de la viande, prévus pour ces misérables mis à la chaîne de voyage, n'étaient souvent qu'un mythe, étant donné le souci constant du capitaine de faire des économies sur tout, pour son profit personnel.

Il est vrai qu'à l'instar du bonhomme de Rabelais les condamnés pouvaient se régaler du « fumet » des plats servis à la table des gardes-chiourmes, qui faisaient ripaille à côté d'eux, sans les quitter de l'œil cependant, et sans abandonner leurs fusils chargés!

L'un des argousins ne tardait pas d'ailleurs à quitter ses camarades pour aller inviter les forçats à dormir, non sans leur avoir demandé auparavant insolemment et railleusement s'ils avaient eu, le pain, la soupe, la viande et le vin, quotidien.

Puis le silence se rétablissait, chacun cherchant à oublier dans le sommeil les douleurs de l'heure présente. Quelques bouts de chandelle, pendus aux murs noircis, éclairaient ce triste tableau.

Le lendemain, dès l'aurore, un coup de sifflet des gardes réveillait tous ces malheureux. La toilette était vivement faite. Les quelques brins de la paille brisée sur laquelle ils avaient passé la nuit étaient bientôt secoués.

Et, après l'appel habituel, la colonne se remettait en route.

Chaque jour répétait ainsi chaque jour, sauf pendant la descente du Rhône qui se faisait en bateau.

F. Mistral a touché ce tableau de sa poésie grandiose, dans son *Poème du Rhône*, tout retentissant des prestiges de sa sonore langue provençale :

— Arrasso eila-davans! Sur la ribiero
Un long cop de sibìet gisclè tout d'uno
E, descendent à la mudo, à la coucho
l' aguè'no embarcacioun que rasclè contro
En gagnant de camin : uno grand fusto
Aguènt d'un bout à l'autre uno cadeno
Que i'ièron enresta, couble pèr couble,
Un bourdigau de touto traço d'ome
— Arri, li bôni-voio! anè ié dire
Un jouine ribeirié. — Chut! sarnibiéune,
Que vous demandon pas se l'auro es bruno
Faguè Patroum Apian. — Li miserable
An bien proun de soun mau, sènso l'escorno...
E faguès pas semblant de li counéisse
Que, marca sus l'espalo, cercon l'oumbro...
E que d'eisèmple en touti aco vous fugue!

Van à Touloun, ai! las! manja de favo...
E i'a de tout aqui : de gent de gleiso,
De sacamand, de noble, de noutari,
Enjusquo d'innoucènt! Emè d'une torge
Passèron li fourçat, tau que li trévo
De la barco à Caroun. Ansin lou mounde
Ansin lou tressimàci de la vido
Lou ben, lou mau, lou chalun, la magagno
Van en courrènt, van chauchiero-e-boutiero
Entre lou jour e la niue, sus la lono
Dou tempourau que se debanò e fuso.

(*Lou Pouèmo dou Rose*, cant. VII) (1).

F. Mistral.

(1) En voici la traduction :
— « Gare devant, là-bas ! » sur la Rivière
Un long coup de sifflet stridula tout à coup
Et, descendant taciturne, à la hâte —
Rasa bord à bord une embarcation
Qui prit le devant : une grande toue
Ayant d'un bout à l'autre une chaîne de fer
Où était attaché, couple par couple,
Un ramassis de toutes espèces d'hommes
. . . .
. . . . » Silence, maugrebleu!
Vous demande-t-on si la brise est brune ?
Fit le patron Apian. Les misérables
Ont bien assez de leur mal, sans l'insulte...
Et n'ayez pas l'air de les reconnaître,
Car, marqués sur l'épaule, ils cherchent l'ombre...
Et que d'exemple à vous tous cela serve !
Ils vont manger des fèves à Toulon, malheureux !
Il y a là de tout : des gens d'église,
Des chenapans, des nobles, des notaires
Voire des innocents ! L'œil de travers
Passèrent les forçats, tels que les spectres
De la barque à Caron. Ainsi le monde,
Ainsi l'agitation, le trantran de la vie,
Le bien, le mal, le plaisir, la douleur,
S'en vont courant, s'en vont confusément
Entre le jour et la nuit, sur le fleuve,
Du temps houleux qui se déroule et fuit.

* *
*

Pierre Coignard connaissait déjà toutes les étapes du voyage; la route et le bateau ne lui apprirent rien de nouveau, tant les moyens de locomotion changeaient peu à cette époque, même à vingt ans d'intervalle.

Il ne chercha à s'évader qu'une fois : un peu avant Marseille. Mais, dénoncé par le garde qu'il avait voulu corrompre, on lui mit les menottes par prudence. Il traversa ainsi le grand port de la Méditerranée sans se départir de l'air digne qui seul pouvait convenir à un « comte de Sainte-Hélène ».

Ils arrivèrent bientôt à Brula, en vue de Toulon.

Puis, le trente-quatrième jour, ils atteignirent la ville.

Des gendarmes venaient à leur rencontre, d'autres les attendaient au quartier de Castineau, sur le bord de la mer.

Les « chaloupiers », qui étaient eux-mêmes des forçats, faisaient les cent pas en attendant la colonne. Ils avaient la charge de la toilette des nouveaux venus.

Le gai capitaine Thierry faisait bientôt son entrée dans un vieux cabriolet. Entouré des chaloupiers, il recevait leurs hommages,

en souhaitant le bonjour à ses vieilles connaissances. Il donnait des nouvelles aux uns,
et remettait aux autres les lettres dont on
l'avait chargé.

Puis il allait retrouver le sous-préfet, le
commissaire du bagne, les médecins et chi-
rurgiens de la marine, tous fonctionnaires
que les règlements obligeaient « à prendre
livraison » de la sinistre chaîne.

« Eh bien! capitaine, lui criait-on, avez-
vous fait bon voyage? N'avez-vous pas eu
trop de mutins? Avez-vous beaucoup de
personnages de marque... ou de chevaux de
retour? »

Et, jovial, le bon Thierry répondait qu'à
part le comte de Sainte-Hélène, il avait plus
de « marqués » que de « marquants », qu'il
ramenait aussi quelques vieilles pratiques
dont il ne pouvait se séparer... et que la
route s'était fort bien passée, le « juge de
paix du bois de Boulogne (1) » se chargeant
de rétablir l'ordre parmi les mutins.

A midi et demi, la chaîne vint se ranger le
long de la boulangerie, à proximité des autorités.

Les condamnés descendirent des charrettes.

Un bref roulement de tambours rassembla
la garde.

_____

(1) Son bâton.

En un instant, les alentours se peuplèrent de soldats.

Abattus, trempés, les vêtements en lambeaux, les jambes enflées, les pauvres diables défilèrent deux à deux devant les argousins chargés de les compter.

Puis ils entrèrent, en rangs serrés, sous une grande tente préparée à leur intention.

Au signal du capitaine Thierry, ils s'assirent à terre et les chaloupiers se mirent en devoir de leur couper les cheveux.

Ils furent délivrés ensuite de leur carcan. L'opération était aussi délicate que le ferrement lui-même, et ce n'est pas peu dire. Pendant qu'on tenait le marteau, on leur riva un anneau au pied, la « manille », en jargon du bagne.

Les forgerons partirent.

D'autres chaloupiers revinrent qui firent déshabiller les futurs forçats.

Leurs loques furent mises en tas auxquels on devait mettre le feu.

Entièrement nus, ils subirent la visite des gardes à qui rien n'échappait. On confisquait les pièces d'or, les limes cachées, tout ce qui pouvait être l'espoir d'une évasion.

Seul le petit pécule placé dans leur main droite leur était conservé, mais ils ne devaient jamais, d'après le règlement, recevoir plus de 6 francs par mois.

Ces formalités accomplies, l'examen médical commençait.

Pour la plus légère apparence de maladie, les nouveaux venus étaient envoyés à l'hôpital. Le service de santé tenait, en effet, à éviter les épidémies si nuisibles au « bon rendement » des bagnes.

Une fois lavés à l'eau chaude, ceux qui étaient reconnus aptes au service recevaient une chemise de toile, une casaque rouge sans bouton ni collet, un pantalon ouvert sur le côté pour laisser passer la chaîne, une paire de gros souliers et un bonnet.

Ce bonnet était rouge pour les condamnés à temps et vert pour les forçats à vie.

Une ceinture de cuir à laquelle était suspendu un crochet de fer complétait l'équipement.

Le crochet était destiné à aider le malheureux à porter sa croix, en l'espèce sa chaîne forte de dix-huit maillons.

Elle lui pendait lamentablement le long de la jambe jusqu'à la « manille » à laquelle elle était fixée.

C'était au total dix-huit livres de ferraille qui ne quittaient jamais le pauvre diable.

La chaîne devait être raccordée par un anneau de jonction avec celle d'un autre forçat ; on appelait cette opération l'accouplement.

Pouvait-on rêver pire esclavage!!!

L'homme disparaissait alors : le bagne comptait un numéro de plus.

*
* *

Pierre Coignard passa par toutes ces épreuves. Il en subit une qui n'était pas prévue par le règlement : celle de la reconnaissance par les anciens.

Conformément aux ordres reçus, le capitaine Thierry fit présenter le « comte de Sainte-Hélène » à plusieurs forçats qui se trouvaient à Toulon en 1805. Tous reconnurent en lui « l'évadé du 8 thermidor an XIII ».

Il en fut rendu compte au comte Anglès (1).

(1) Lettre du Capitaine Thierry au Préfet de Police.

« La chaîne partie de Bicêtre le 15 du mois dernier est arrivée aujourd'hui forte de 455 hommes.

« Le fameux Pierre Coignard, dit Pontis, comte de Sainte-Hélène, en faisait partie.

« Conformément à la lettre que vous m'avez fait l'honneur de m'adresser le 19 octobre dernier, j'ai mis cet individu en rapport avec plusieurs forçats qui se trouvaient présents au bagne à l'époque où il s'en évada. Six, dont deux ont été ses camarades de couples, l'ont reconnu de suite pour être Pierre Coignard, condamné à Paris, le 26 vendémiaire an 9 (18 octobre 1800) à 14 ans de fers pour vols commis la nuit dans des maisons habitées à l'aide d'effraction et de fausses clefs et venu le 11 floréal an 9 (1ᵉʳ mai 1801) au bagne de Toulon d'où il s'est évadé le 9 Thermidor an 13 (27 juillet 1805).

« Cette reconnaissance a eu lieu au moment de l'arrivée

Pierre devait accepter son nouveau sort avec résignation. Résignation inévitable, car les précautions prises à son égard lui interdisaient tout espoir de fuite.

de la chaîne en présence de M. l'Intendant de la Marine, de M. le Contrôleur, de M. le Sous-Préfet, des membres du Conseil de santé et d'un public nombreux.

« J'avais eu soin d'emporter avec moi le signalement de Coignard tel qu'il a été pris lors de son entrée au bagne et tel qu'il existe sur les matricules de la chiourme. La confrontation de cette pièce avec l'individu, les mêmes marques et cicatrices qui se sont retrouvées t'ont laissé aucun doute sur son identité.

« Il est donc bien démontré que le faux comte de Sainte-Hélène n'est autre que Pierre Coignard, évadé en 1805 du bagne de Toulon, où il portait le n° 3469.

« Au surplus, Monsieur le Comte, j'ai pris les mesures nécessaires pour que cet individu qui s'est vanté le long de la route qu'il ne resterait pas six mois au bagne, ou que s'il était tenu de trop près, il trouverait bien les moyens de se défaire de ceux qui le gêneraient, j'ai pris, dis-je, les mesures convenables pour prévenir l'effet de ses menaces. »

CHAPITRE IX

LE BAGNE DE TOULON

Pierre, arrivant au bagne de Toulon, devait y trouver quelques changements depuis son évasion de 1805.

Aux alentours de 1820, sur l'initiative de M. Lareinty, ancien intendant de la marine, l'autorité administrative décida de faire travailler tous les condamnés.

Autrefois, les forçats à vie ou au-dessus de quinze ans n'étaient pas admis au travail; ils restaient attachés jusqu'à la mort à leur banc. Ce n'était pas là le désir du législateur. Mais l'insuffisance du personnel de surveillance avait rendu nécessaire ce régime qui faisait éclater des épidémies dans les salles empestées où s'entassaient quantité d'hommes.

On finit par comprendre aussi qu'il importait de relever le moral de ces malheureux et que seul le travail pouvait avoir cet effet salutaire.

De fait, le nouveau régime eut une influence considérable sur la santé physique ou morale de la chiourme tout entière.

On put ainsi se permettre le déferrement d'un certain nombre de bagnards qui s'étaient signalés par leur bonne conduite et leur labeur et qui pouvaient dès lors aller retrouver sans crainte les bienheureux de la salle des « éprouvés », le « purgatoire » de cet enfer.

Là, le condamné était dispensé de l' « accouplement », il ne portait plus qu'une chaîne brisée d'un mètre de longueur, il couchait sur un strapontin, mangeait mieux et pouvait obtenir certains emplois de faveur comme le poste de payol (écrivain), de fricotier (aide du marchand de comestibles), fourgonnier (cuisinier des salles), garde-bidon (allumeur de lanternes), barberot (perruquier), balayeur, canotier, servant des hôpitaux, chaloupier; l'emploi de bourreau était aussi fort recherché.

Le forçat ainsi favorisé pouvait voir des fenêtres « les civils » qui se promenaient sur le quai du port. A côté de lui, se trouvaient les forçats estropiés, aveugles, invalides ou incurables qui passaient leur temps à fabriquer de petits objets ou à dresser des animaux divers.

Sans aller jusqu'à la licence qui sévissait dans les bagnes, vers 1785, puis sous le Directoire et le Consulat (époques pendant lesquelles les condamnés riches ou bien en cour pouvaient sortir en ville avec un semblant de « manille » dissimulé sous le pantalon, et sans la casaque rouge), les « éprouvés » pouvaient pourtant être employés dans les jardins de l'hôpital et même chez certains fonctionnaires de la marine, contre modique rétribution.

C'était un régime suffisamment agréable pour qu'il fût envié de tous les forçats, qui ne manquaient pas de faire la comparaison avec celui des « indociles », parqués dans une salle du rez-de-chaussée.

Là, les indomptables étaient attachés au ramas du lit de camp par une double chaîne; ils ne pouvaient se livrer à aucun travail, n'avaient la permission de causer que de 10 heures à midi, ne faisaient qu'une courte promenade sous la surveillance constante des gardes-chiourmes, ce qui ne les empêchait pas parfois de limer leur « manille » et de s'enfuir malgré les nombreuses difficultés semées sous leurs pas : témoin les évasions célèbres contées par M. Lesueur ou M. Alhoy, dans les *Prisons de Paris*. Mal nourris, mal couchés, écœurés de voir donner la bastonnade sous leurs yeux, les malheureux ne devaient songer évidemment qu'à se sauver hors de cet enfer. Tous les esprits étaient tendus vers ce but. Ils préparaient soigneusement leur cachette, « leur nécessaire », leur itinéraire, pour éviter la fatale reprise, ou la dénonciation des paysans alléchés par la prime de 50 francs ou de 100 francs et que trois coups de canon traditionnels avertissaient des évasions.

Des amis du dehors facilitaient la tâche. C'étaient parfois des parents ou des protecteurs puissants, c'étaient le plus souvent d'anciens camarades évadés eux-mêmes, qui les faisaient profiter de leurs conseils, des lieux de retraite qu'ils avaient établis à proximité du bagne pour gagner du temps, et attendre des vêtements de rechange avant de prendre le large.

C'étaient aussi les camarades de chaîne qui coopéraient à la fuite d'un des leurs. A l'époque du relâchement dans la surveillance et jusqu'aux alentours de 1805, toute la chiourme prêtait son concours tacite et secret aux « marrons (1) ».

Plus tard, la discipline s'étant faite plus sévère, chacun travaillait pour soi : le bagnard devenu méfiant avait souvent peur de tomber sur un « mouton » en confiant

(1) Ainsi étaient appelés les forçats qui s'évadaient (v. *Toulon*, par L. Mougin. Paris, 1904).

son projet. Et ces tristes compagnons qui
les trahissaient auprès des autorités deve-
naient de plus en plus nombreux depuis la
réforme de 1820.

Malgré tout, le fuyard était le plus souvent obligé de s'appuyer sur plusieurs concours pour réaliser son rêve.

*
* *

Pierre n'en était pas là. Comme nous
l'avons dit, dès son arrivée, il s'était rendu
compte qu'il était rivé à son banc pour longtemps. Non seulement il fut mis à la double
chaîne, mais il fit l'objet d'une surveillance
spéciale. Il ne se révolta pas. Bien lui en prit.
Sa soumission lui valut par la suite quelques
adoucissements. C'est ainsi que vers 1825,
M. Appert (1) put s'entretenir avec lui dans
l'atelier des fileurs et avoir la conversation
suivante :

D. — Je vous connais, Coignard, et je prends
bien part à votre position.

R. — Je vous connais beaucoup aussi, Monsieur, sans jamais vous avoir vu. Je vous croyais
plus âgé. Êtes-vous bien M. Appert?

D. — Soyez certain que je ne voudrais pas vous

(1) Voir l'ouvrage de cet auteur intitulé *Bagnes, Prisons
et Criminels*, édité à Paris en 1836.

tromper; demandez à M..., il m'a vu lorsqu'il était en prison.

R. — Alors, c'est différent. Maintenant, je puis vous parler franchement. Depuis longtemps nous vous attendions : vous vous êtes bien fait attendre. Dites-moi : quelle réception vous serait agréable? Les amis voulaient vous complimenter et vous offrir quelque chose fait par eux; qu'en pensez-vous?

D. — Je n'ai aucune mission qui autorise les recherches que je veux faire au bagne; je vous prie donc de dire à vos camarades que le meilleur moyen de bien me recevoir est de rester calme autour de moi; car je vous avoue que la moindre démonstration de leur part nuirait aux observations que je désire faire et pour lesquelles j'ai besoin de ménager les susceptibilités de l'autorité locale.

R. — Je conçois votre raison, soyez tranquille; nous aimons mieux vous conserver et renoncer au plaisir de vous donner une petite fête de notre façon. Ce soir, les amis recevront le mot d'ordre, et vous pouvez venir demain sans crainte.

Coignard jouissait, en effet, de la considération générale. Il avait sur ses camarades une grande autorité. Ses airs de distinction, son passé et son ton de commandement leur en imposaient.

Il ne parlait jamais l'argot des lieux.

Il tenait à rester « le comte de Sainte-Hélène ».

Les argousins l'appelaient d'ailleurs par ce dernier nom.

Rosa Marcen venait également le **voir**. Elle s'était à cet effet installée pendant de longs mois et à plusieurs reprises dans les environs de Toulon.

C'était alors fête pour l'ex-lieutenant-colonel.

Il avait lieu aussi de se montrer satisfait de n'être plus compris dans le clan des **deux** cents suspects (en chiffres ronds), puisque nous le trouvons admis dans l'atelier des fileurs, à cette époque. C'était un progrès pour lui, progrès d'autant plus appréciable qu'il avait été admis de suite à la « petite fatigue ».

Or, d'habitude, les condamnés étaient affectés d'abord à la « grande fatigue », c'est-à-dire aux travaux pénibles du port pour lesquels ils ne recevaient aucun salaire, tels que le transport des pièces de bois, le halage des bacs, le chargement des caronades, le démâtement des vaisseaux, etc.

Il fallait avoir donné des preuves sincères de repentir pour être employé à des travaux plus doux, dits « de petite fatigue », exécutés dans les ateliers de l'arsenal, dans les magasins. Là le forçat était désaccouplé, autorisé à porter la chaîne brisée et à toucher un salaire de 5 à 25 centimes par jour, sur lesquels l'Administration faisait une retenue d'un tiers, depuis 1820, pour constituer le pécule du malheureux.

Les condamnés à vie comme Pierre, n'ayant pas besoin de pécule, recevaient la totalité de leur salaire.

Les forçats employés à l'hôpital de la marine, en dehors de l'arsenal, étaient toujours accompagnés de gardes-chiourmes à raison d'un par cinq couples d'hommes.

Aussi Toulon comptait-il environ quatre cents gardes, répartis en cinq compagnies, encadrés de sous-officiers jusqu'au grade d'adjudant.

Ceux-ci étaient soumis à l'autorité d'une quarantaine de chefs civils ayant conservé l'ancienne appellation de comes et sous-comes. Tout ce personnel obéissait à un commissaire de la marine qui remplissait, à leur égard, les fonctions de colonel.

Les sous-officiers eux-mêmes avaient gardé leurs noms d'argousins, et si les simples gardes ne s'appelaient plus pertuisaniers comme autrefois, par contre l'ensemble des malfaiteurs répondait toujours au nom de la chiourme bien que l'ancien chant des rameurs, le « ciurma », eût disparu depuis longtemps.

Mais certains mots ont du mal à mourir. C'est ainsi que les dépôts de forçats n'avaient rien de commun avec la prison d'esclaves de Stamboul établie près des « bannis », et cependant l'histoire a conservé le nom de cette dernière (bagno) pour désigner ces lieux de perdition. Ne disait-on pas d'ailleurs indifféremment galériens ou condamnés, bien que l'embarquement sur les galères à Marseille eût disparu depuis 1749, et que les vieux bateaux ne servissent plus alors que de bagnes flottants, concurremment avec les logements établis à terre pour recevoir le surplus des forçats? Ceux-ci n'étaient plus marqués des lettrès C. A. L. mais depuis la Révolution et jusqu'en 1830 des initiales T. F. Après 1830, cette flétrissure ne fut plus appliquée. Et cependant tous ces anciens termes ont survécu à la chose elle-même, tant ils avaient frappé l'imagination populaire.

*
* *

A l'époque où nous sommes reportés, Toulon comprenait 4.305 condamnés, dont 1.193 à vie.

Plus de 4.000 travaillaient :

1.350 aux constructions navales;

350 à celles du port;

90 à l'artillerie;

1.900 aux bâtiments et aux constructions hydrauliques;

250 au magasin général;

200 à l'infirmerie ou à des travaux divers.

Seuls les suspects, les malades ou les in-

firmes étaient dispensés de la « fatigue »
grande ou petite, depuis 1820.

Aussi, malgré la solde des gardes, les
appointements des chefs supérieurs et l'entretien des locaux, l'Administration reti-
rait du travail des forçats un bénéfice estimé
à 60.000 francs environ (1).

Il est vrai que la nourriture et l'entretien
des détenus ne coûtaient pas grand'chose à
l'État : du pain ou du biscuit, de la soupe,
des fèves et trois quarts de litre de vin, ce
n'était pas une affaire en ces temps de
« vie pas chère ».

Les suppléments au régime, réservés, en
principe, aux « éprouvés », ne s'accordaient
que contre espèces sonnantes chez le « fricotier ». Outre le salaire journalier ou mensuel
les travailleurs employés à l'arsenal trouvaient le moyen de chaparder qui un morceau de fonte, qui une vis, qui un outil.
Cette « camelote » était déposée dans un trou
connu d'une recéleuse « à la coule » qui y
déposait en échange quelque menue monnaie.

Quant à l'habillement, il était le même en
toutes saisons ; si la coiffure verte ou rouge
était redevenue en usage depuis que les
révolutionnaires ne coiffaient plus le bonnet
phrygien pour leur propre compte, par contre

(1) M. R. Marquezy, avocat, dans la *Gazette des Tribunaux*
du 28 janvier 1827.

le changement de régime n'avait pas amélioré l'habillement du forçat : s'il voulait un gilet de laine ou des chaussettes, il devait l'acheter de ses deniers.

Le couchage était toujours aussi défectueux; les forçats logés dans les bagnes flottants s'allongeaient sur le plancher dans le coin qui leur était réservé et ne devaient pas en changer; ceux qui logeaient à terre dans les trois baraquements étaient enchaînés à la barre de leur lit. Seuls les déferrés connaissaient les joies du strapontin, mais, encore, devaient-ils demeurer à la même place.

On conçoit alors que l'hôpital aux lits blancs et moelleux fût considéré comme le paradis par les condamnés. Là le forçat redevenait un homme, un malade qu'il fallait rendre à la santé, dans l'intérêt même des finances de l'État.

Pierre n'y séjourna pas beaucoup pour son propre compte. Il n'eut pas même la maladie épidémique apportée à Brest par les Toulonnais, comme son célèbre « collègue » Contrafatta.

Il ne « coupa » donc pas souvent au lever et au coucher ordinaires.

Comme les autres, il partait dès le matin après que la cloche du bagne avait retenti et que les gardes l'avaient délivré du « ramas » en vérifiant la solidité de sa « manille ». Et il rentrait tard le soir pour le souper, sauf en été où la cloche le rappelait vers midi. Il repartait quelques heures après ·le repas et la sieste.

Mais si les aliments pris en trois fois n'étaient pas copieux, ils étaient sains. Le médecin de la marine les vérifiait chaque jour. L'hygiène était, en effet, de règle au bagne. Tout y était propre : la cuisine, les salles, les individus. C'était le seul moyen efficace pour lutter contre les épidémies.

Pierre pouvait se procurer aussi quelques améliorations à l'ordinaire : il faisait, comme les autres, quelques petits objets pour le bazar du bagne, que tenait un condamné chargé de la vente aux Toulonnais pour le profit des ouvriers.

Il n'était donc pas malheureux physiquement.

Il avait aussi trop d'expérience pour s'exposer aux rigueurs du Code des prisons (1).

(1) *Extrait du Code du bagne :*

Sera puni de mort :

Le forçat qui frappera l'un des agents de surveillance.
Le forçat qui tuera son camarade.
Le forçat qui se révoltera ou occasionnera une révolte.

Sera puni d'une augmentation de prolongation de peine :

Le forçat à vie qui s'évadera (3 ans de double chaîne).
Le forçat à temps qui s'évadera (3 ans de prolongation).

Il tenait à éviter la bastonnade, que certains endurcis acceptaient avec résignation, ou indifférence.

Il évitait aussi soigneusement les cas qui l'auraient exposé aux peines de la rébellion. Ces peines, c'était la mort. Et souvent, la guillotine était dressée sur le quai du Grand-Mang, devant toute la chiourme assemblée.

Le forçat qui volera pour une valeur au-dessus de 5 francs.

Sera puni de la bastonnade :

Le forçat qui aura limé ses fers ou employé un moyen quelconque pour s'évader.

Le forçat sur lequel on trouvera des objets de travestissement.

Le forçat qui volera une valeur au-dessous de 5 francs.

Le forçat qui s'enivrera.

Le forçat qui jouera des jeux de hasard.

Le forçat qui fumera dans l'arsenal ou dans une salle.

Le forçat qui vendra au dégradeur ses effets.

Le forçat qui écrira sans permission.

Le forçat qui sera porteur d'une somme au-dessus de 10 francs.

Le forçat qui battra son camarade.

Le forçat qui refusera de travailler ou qui commettra un acte d'insubordination ;

La bastonnade était également donnée aux forçats qui dérobaient des objets, soit dans l'arsenal, soit sur les chantiers et à ceux qui se rendaient coupables de délits contre la moralité. A l'égard de ces derniers délits, la surveillance était des plus actives.

Les deux premières catégories de peines étaient prononcées par un tribunal particulier qui portait le nom de Tribunal maritime spécial et dont la composition était analogue à celle des Conseils de guerre. La troisième peine était appliquée sur l'ordre du Commissaire du bagne.

Plus tard, les dossiers des forçats punis de mort devaient être soumis au Roi.

Les forçats s'étaient longtemps refusés à la monter eux-mêmes, puis en avaient pris leur parti, au point de rechercher l'emploi de bourreau.

C'était encore plus sinistre que l'ancienne fusillade.

Pierre savait tout cela, il ne voulait pas plus s'exposer aux rigueurs de la loi, qu'aux vengeances de ses camarades en devenant le « mouton » chargé de renseigner l'autorité sur les faits et gestes des condamnés. D'abord le rôle ne lui plaisait pas.

Et puis le « mouton » avait ses jours comptés! Malheur à lui! Aussi, Pierre Coignard, le révolté, se tint tranquillement à sa place, en attendant la fin de son existence mouvementée...

CHAPITRE X

LA MORT DE PIERRE COIGNARD

Pierre ne mourut pas au bagne de Toulon.

Le 20 août 1828, une ordonnance royale affecta les forçats condamnés à plus de dix ans de fers aux ports militaires de Brest et de Rochefort.

L'ex-comte de Sainte-Hélène était atteint par cette décision (1). Aussi, dans le cours de l'année 1829, il rejoignit le premier de ces ports, avec 350 de ses camarades.

Ce n'avait pas été une petite affaire que le transfèrement des bagnards, car l'ordre ci-

(1) Elle fut rapportée en 1836 et remplacée par celle du 9 décembre de la même année qui supprimait le service des chaînes pour le transport des forçats au bagne.

A partir du 1er juin 1837, les criminels condamnés aux travaux forcés devaient être transférés sans distinction dans les bagnes de Brest, Rochefort et Toulon et le transport devait avoir lieu dans des voitures fermées, suivant les itinéraires arrêtés par M. le Ministre de l'Intérieur.

dessus avait été très mal accueilli par les intéressés, qui considéraient cette opération comme un supplice supplémentaire et ne souhaitaient en aucune façon échanger le doux climat du Midi pour les brumes du Nord.

Une révolte avait même accompagné la lecture de la note royale.

Les gardes-chiourmes avaient dû faire usage de leurs armes : les forçats Bourgeois, Besson et d'autres encore furent tués à bout portant. La sédition fut brisée dans le sang, et, le lendemain, l'embarquement put se faire à bord de la corvette *la Caravane*.

Mais le capitaine de frégate Denis, qui commandait le navire, n'avait que cent cinquante hommes d'équipage à sa disposition. Il se rendit vite compte qu'il aurait beaucoup de difficulté pour mener sa « cargaison » à bon port. Comme c'était un homme aussi avisé que brave, aussi poli que ferme dans le commandement, il fit appeler devant lui Pierre Coignard, et lui tint ce langage :

« Je connais l'influence dont vous jouissez auprès de vos compagnons; j'ai résolu de l'employer à maintenir l'ordre à mon bord, sans être obligé d'en venir à des voies de rigueur. Je vous donne une espèce de surveillance sur eux; promettez-moi de me prévenir si vous apprenez qu'il se médite quelque complot contre la sûreté du bord. A cette condition, je leur laisserai autant de liberté que la prudence l'autorise, et personnellement vous éprouverez un bon traitement. »

L'ex-comte de Sainte-Hélène refusa le traitement de faveur pour ne pas donner l'éveil à ses camarades, mais accepta la mission qu'on voulait lui confier. Était-il flatté de cette marque de confiance? Ses instincts militaires se réveillaient-ils au milieu des soldats? Nul ne peut le dire, mais le résultat fut cependant tel que le commandant Denis le désirait. Il eut en Pierre un auxiliaire précieux, qui lui donna même un jour un conseil de cette sorte :

« Faites, lui dit-il, donner une alerte entre le troisième et le quatrième quart de nuit, car il est nécessaire que l'on sache que votre équipage veille et ne saurait être surpris. »

Le conseil fut suivi et ce fut heureux pour le commandant; à ce moment précis, une révolte se préparait que l'alerte fit avorter. Pierre était-il au courant du plan des séditieux? C'est probable, mais il ne voulut jamais s'expliquer sur ce point.

Quoi qu'il en soit, la traversée s'acheva sans encombre.

* *

Au bagne de Brest, Coignard faisait le commerce des petits bijoux, ce qui lui suscita nombre d'envieux parmi ses co-détenus.

Il remplissait également les fonctions de distributeur de vin.

Il avait donc reçu quelque adoucissement à sa peine. Cependant sa santé déclinait de jour en jour. L'ennui le rongeait.

Le 19 décembre 1834, il mourait dans un âge qui n'était pas encore avancé.

Il fut porté sur les registres de l'état civil comme étant mort à l'hôpital maritime — selon la coutume de l'époque — dans les termes suivants :

« Acte de décès de Pierre Coignard, décédé ce jour, à 11 heures du matin, aux hôpitaux maritimes, âgé de 60 ans, né à Soissons (Aisne), fils de André-Pierre et d'Élisabeth de Linias (ex-lieutenant-colonel de la légion de la Seine).

« Sur la déclaration à moi faite par le commissaire des hôpitaux, dont acte en présence de Gérôme Quemeneur, âgé de 50 ans, et de Jean Laure, âgé de 50 ans, charretier aux hôpitaux. »

Ainsi donc, Pierre, qui avait expié au bagne le crime de s'être attribué un autre état civil

que le sien, recevait au moment de sa mort
la consécration de son imposture par l'Administration!

Malgré le jugement rendu et la publicité
des débats, malgré les multiples articles des
journaux de l'époque, les commissaires de
la marine à Brest ignoraient encore que l'ex-
lieutenant-colonel n'était pas le fils d'une
dame « de Linias » et qu'il n'était pas né
non plus à Soissons il y avait soixante ans!

Vraiment tant d'ignorance... ou de légèreté dépassait les bornes permises! A quoi
servaient alors les extraits du jugement qui
accompagnaient toujours le dossier des forçats s'ils n'étaient jamais compulsés, même
dans les grandes occasions?

Rendre officiellement à Coignard la filia-
tion faussement attribuée au pseudo-comte
de Sainte-Hélène, c'est à se demander si
le déclarant n'était pas un ironiste... à
moins qu'il n'ait été la dupe des racontars
de l'aventurier!

Ah! si ce dernier, avant de mourir avait
pu se douter d'une chose pareille, combien
il aurait été heureux! car à ses derniers moments, il soutenait encore le rôle du noble
de Sainte-Hélène.

Ses compagnons et ses gardiens eux-
mêmes savaient bien que pour obtenir une
réponse de ce singulier forçat, il ne fallait

pas l'interpeller par son véritable nom, mais par celui qu'il supporta dix ans assez dignement, au grand jour, tant aux armées qu'à la Cour.

Au titre de « comte », le bagnard sortait de sa rêverie et répondait invariablement : « Oui! j'y suis, me voilà : présent! »

De ses relations avec Rosa Marcen, Coignard avait eu un fils, né en 1815, à Colmar, comme nous l'avons vu précédemment.

Ce fils avait été déclaré sous le nom de Pierre-Jean de Parto de Pontis, et le jugement d'identité ne lui avait pas retiré sa qualité.

Il se maria, eut un enfant, et mourut aux États-Unis.

Par respect pour la descendance, nous arrêterons ici notre récit.

Quant à Rosa Marcen, nous avons appris, avec plaisir, qu'elle n'avait pas renié ses anciennes amours!

De temps à autre, elle venait à Toulon! Elle y séjournait même, et par sa présence rappelait au malheureux condamné les heures de joie du passé! Mais que faisait-elle dans l'intervalle de ses voyages? Travailla-t-elle? Entra-t-elle en religion? Elle prit l'un et tenta l'autre de ces deux partis.

Elle travailla chez un certain M. Mauriac, ancien marchand de drap, place du Palais-

Royal, ex-fournisseur du roi et des princes, propriétaire rue Saint-Jacques.

Elle essaya de se cloîtrer, si l'on en croit une lettre au préfet de police (1) destinée,

(1) *A Son Excellence. M. le Ministre d'État Préfet de Police.*

« MONSEIGNEUR,

« Rosa Marcen a l'honneur d'exposer à votre Excellence qu'après les événements qui ont ballotté sa malheureuse existence, elle s'est livrée à des réflexions qui n'ont eu « but » (*sic*) que de fuir un monde dans lequel elle ne peut plus être heureuse.

« Un cloître doit désormais ensevelir ses faiblesses, ses peines, et ses chagrins, mais pour exécuter des projets de cette nature, il lui faut ou des moyens pécuniaires ou une puissante protection.

« Abandonnée à elle-même, privée de ce qui pourrait lui servir à se livrer à sa vocation, elle se permet de supplier votre Excellence de vouloir bien l'honorer de votre pouvoir pour l'accomplissement et pour l'exécution de ses desseins.

« La maison dite Saint-Michel est celle dans laquelle, après de mûres réflexions, elle doit oublier l'aisance dans laquelle elle a vécu, oublier ses malheurs, et, se livrant à l'adoration continuelle de son créateur, attirer sur elle ses bénédictions ; mais, Monseigneur, tout en se résignant à la retraite, Rosa Marcen a dû jeter un regard de pitié, de douleur et d'attachement, sur l'enfant qui lui est né de l'association avec le soi-disant Comte de Sainte-Hélène.

« Si sa résolution est irrévocablement prise, elle doit au moins assurer l'existence de cet être infortuné ? Vous seul, Monseigneur, pouvez devenir son protecteur et le mien et en le plaçant dans une maison honnête, m'éviter l'odieux de le sentir confondu avec les enfants de hasard.

« Voulant profiter des heureuses dispositions qu'il déploie, j'ai fait, jusqu'à ce moment, un sacrifice de 16 francs par mois, en le plaçant chez le nommé Denis, maître d'école, faubourg Saint-Jacques, nᵛ 33, qui se charge de lui enseigner les premiers éléments de sa langue, moi-même occupée de tout ce qui peut fixer les moments d'une

semble-t-il, à lui faciliter l'entrée au couvent
des dames de Saint-Michel.

femme laborieuse, je me livre chez M. Mauriac, propriétaire, faubourg Saint-Jacques, n° 33, à toutes les occupations de l'aiguille auxquelles une femme peut et doit se
livrer.

« J'ose tout attendre des bontés de votre Excellence et
je me flatte que, prenant ma demande en considération, il
vous plaira d'inviter qui de droit à faire ressentir la
suppliante de votre auguste protection tant pour elle que
pour son infortuné fils, âgé de sept ans, et que bientôt il
lui sera possible de se jeter dans les bras de la religion.

« Pénétrée des bontés que vous ne cessez d'avoir pour
les malheureux, et des vertus qui vous caractérisent, elle
attend avec impatience l'heureux effet de votre protection
et vous supplie d'intercéder pour elle près la Supérieure
des Dames de Saint-Michel, de devenir le protecteur de
son fils, et la croire avec un profond respect de... Monseigneur, la très humble et très obéissante et très dévouée
servante.

« *Signé :* Rosa Marcen. »

Note des auteurs. — Cette supplique, non datée, mais
qui vraisemblablement a été envoyée en 1822, par l'inté-
ressée, existe encore dans les Archives de la Préfecture
de Police, où elle a été sauvée de l'incendie de 1871.

Elle nous fut communiquée par le très distingué archi-
viste M. Feron, dont l'érudition sûre nous a beaucoup ai-
dés dans la reconstitution de cette histoire. Nous tenons
ici à l'en remercier publiquement.

A la lettre de Rosa Marcen, se trouvait épinglée la note
suivante :

« Je prie M. Pautat de demander à Rosa Marcen, lorsqu'elle se présentera de nouveau chez lui, à quelle époque
elle est venue à Paris avec le pseudo-Comte de Sainte-
Hélène.

« J'ai besoin de ces renseignements pour savoir si Coignard a pu commettre l'assassinat du sieur Hoin de Vil-
neuve, rue Neuve-des-Petits-Champs, en janvier 1813. »

Et en marge, d'une autre écriture, cette réponse :

« Coignard est arrivé à Paris à la fin de 1814 et Rosa à
la fin de 1815. »

Finit-elle ses jours au refuge de cet établissement ? Nous ne le croyons pas, car les registres du monastère de Chevilly ne portent trace, ni de son nom, ni de celui de la pseudo-comtesse de Sainte-Hélène.

Prit-elle un autre état civil pour dissimuler son passé ? Ce n'est pas impossible !

Quoi qu'il en soit, elle fit de nombreux voyages à Toulon après 1823, car nous avons des preuves réelles de son séjour auprès du forçat, de même que nous avons des preuves non moins certaines de la fausseté de la légende créée par Parlongue, dans sa satire (1) contre Louis-Philippe, légende qui faisait de Rosa Marcen la maîtresse lingère du palais des Tuileries en 1830 et l'épouse de M. Troues-

(1) *Une poignée de vérités à conserver* par E.-C. PARLONGUE. Paris, 1872.

. . . .

« Mme Coignard resta à Paris sans moyen d'existence, mais c'était une jeune, grande et belle femme, qui sut bientôt trouver des amis compatissants pour l'aider de leur bourse et la consoler de la mésaventure du Comte de Sainte-Hélène.

« Louis-Philippe voulant, en 1830, compléter les personnes de son Palais des Tuileries, demanda une dame de distinction pour maîtresse lingère du Palais. La noble et vertueuse dame Coignard lui fut proposée par de puissants amis ; elle fut donc maîtresse lingère royale.

« En même temps, arrivait au Palais, du fond de la rue de Jérusalem, un M. Trouessard, nommé chef de la police particulière du roi. Mme Coignard et M. Trouessard se virent, se plurent, s'aimèrent et vécurent ensemble maritalement.

. . . .

sart, chef de la police particulière du roi.

A cette époque, en effet, la doyenne des lingères était une certaine veuve Herboleg, à laquelle succéda comme contremaîtresse Mme veuve Séraphine Beauger.

La veuve Beauger épousa, en juillet 1833, l'officier de paix Trouessart, de la brigade du château. Elle mourut en 1887.

Elle n'avait donc rien de commun avec Rosa Marcen, qui semble bien n'avoir eu d'autre protecteur que ce Mauriac qui lui prêta asile dans sa maison de la rue Saint-Jacques, intervint souvent pour elle auprès des autorités, judiciaires ou administratives, et l'employa à de menus travaux de couture.

Rosa Marcen se devait au souvenir du comte de Sainte-Hélène.

Jusqu'à preuve du contraire, nous croirons toujours qu'elle y resta fidèle.

CONCLUSION

CONCLUSION

Nous pourrions considérer notre tâche comme terminée. Mais n'est-il pas intéressant, au regard de la petite histoire, de rechercher maintenant les causes profondes de la fortune de ce bandit célèbre?

Ces causes sont diverses.

Les unes sont nées des événements et des circonstances, les autres résultent de la faute des hommes.

Il est bien évident qu'à tout autre moment qu'en 1805 — époque où, comme nous l'avons vu, la discipline des bagnes s'était si fort relâchée — Pierre n'aurait pu réussir à s'évader aussi facilement pour faire la carrière que nous avons retracée.

Il est aussi évident qu'à tout autre moment qu'en 1808, Pierre n'aurait pu obtenir des galons d'officier dans l'armée espagnole. Il fallait que le gouvernement de ce pays fût divisé par des factions rivales et à la veille d'être renversé par les armes de l'étranger pour qu'il acceptât tous les concours qui s'offraient à lui sans en vérifier l'origine.

On avait beau vivre sur la terre des Don Quichotte, des Gil Blas et des Ruy Blas, sur un sol hospitalier même aux chefs de bandes, aux contrebandiers, aux aventuriers de toute sorte à qui l'on ne demandait que du courage, de l'audace, de la fierté, un peu de générosité, beaucoup d'allure, pour qu'ils pussent passer partout sans faire la preuve de leurs origines, ni établir la légitimité de leurs revenus ; il est cependant certain que Coignard n'aurait pu réussir aussi longtemps à cacher ses larcins, ses impostures, les faux de son feuillet matricule si les archives du Département espagnol de la guerre n'avaient pas été l'objet de tant de déménagements et de tant de tribulations successives au cours de l'invasion, si la relève des régiments d'Amérique avait pu se faire régulièrement comme par le passé, si enfin le corps des officiers était resté normalement constitué au lieu d'être en proie à l'anarchie qui ravageait alors toute la population espagnole, même dans ses éléments les plus sains.

Pierre n'aurait pas non plus réussi à

réintégrer l'armée française avec le grade
d'officier supérieur, si cette armée n'avait
pas été engagée dans une lutte sans merci,
dans une guerre de détachements et de partisans entrecoupée de sièges qui séparait les
chefs de leur troupe, retardait les courriers
et la transmission des ordres, rendait enfin
toute vérification impossible tant au quartier général qu'au ministère lui-même.

La rentrée en France aurait pu être fatale
à Coignard, mais là encore les événements
semblaient le servir à plaisir : l'Empire tou-
chant à sa fin, luttant désespérément pour
sa vie et l'honneur du pays, n'avait guère le
loisir de s'enquérir de « qui » le servait pourvu
« qu'on le servît ».

Il en fut de même au moment du retour
des Bourbons; dans ces périodes troublées
du début de la Restauration, on ne refusait
le concours d'aucun partisan du roi, surtout
lorsque ces partisans affichaient des sentiments royalistes aussi purs que ceux de
Pierre.

S'avouer ancien chouan, prouver sa fidélité à la dynastie par sa présence à Gand pendant les Cent-Jours, en fallait-il plus pour
être accueilli à bras ouverts par le gouvernement de Louis XVIII? Il n'y avait qu'un
moment critique à redouter : la rentrée des
émigrés. D'aucuns pouvaient avoir connu

des de Pontis et contredire l'imposteur; des familles aristocratiques du Poitou qu'il avait fréquentées chez les Montausier risquaient de le reconnaître à la Cour! Il n'en fut cependant rien : la Terreur, la guillotine, l'exil de vingt années avaient fait disparaître tant de « ci-devant » que la rencontre des anciennes connaissances était une probabilité bien hasardeuse pour la noblesse de bonne souche rentrée en France à la chute de l'Empire.

La plus grande partie des aristocrates d'ancien régime avaient disparu. « Si tous n'étaient pas morts, tous avaient été frappés »... et leurs papiers mêmes avaient été détruits! Minutes des notaires, archives des églises, actes d'état civil, registres des communes, tout cela avait en partie flambé sous la torche révolutionnaire. Aussi, à nul autre moment de notre histoire, Pierre n'eût pu espérer pareille chance pour mener à bonne fin sa difficile entreprise.

*
* *

Les hommes de cette époque ne l'auraient certainement pas démasqué si Pierre Coignard s'était contenté de rester dans son rôle de lieutenant-colonel, sans vouloir être par surcroît le chef d'une bande de voleurs, s'il n'avait pas commis la grave imprudence d'écrire au maire de Saint-Pierre-du-Chemin en Vendée à propos de sa naissance, et de refuser aide ou assistance à Darius, son ancien compagnon de chaîne, qui le dénonça par la suite.

Il eût fallu, en effet, pour découvrir le faussaire sans le secours de la trahison, que les différents services se communiquassent leurs renseignements et leurs soupçons, car les récits de Coignard n'avaient pas été sans éveiller des doutes chez certains militaires habitués à la règle et à la précision, ce qui n'était pas le fait de l'aventurier !

Ces craintes se multiplièrent surtout lorsque, le calme étant revenu après l'orage, on put mettre de l'ordre dans les papiers de chacun, exiger des fonctionnaires civils ou militaires les mêmes garanties qu'autrefois, ce qui ne faisait pas du tout l'affaire de Pierre Coignard.

Mais dans les milieux officiels, on n'aime pas à parler à la légère, à lancer une accusation qui pourrait n'être pas fondée. Aussi fallut-il beaucoup de temps pour que les soupçons prissent corps par leur accumulation et aboutissent à une enquête.

Encore faut-il noter que, sans la dénonciation de Darius, cette enquête n'aurait peut-être pas été ordonnée : la police, qui avait déjà classé la lettre du préfet de la Vendée, n'aurait pas appelé l'attention de la justice militaire sur le comte de Sainte-Hélène et la justice militaire n'aurait pas fait procéder à l'interrogatoire qui précéda la fuite et l'arrestation de Pierre Coignard.

C'est en fin de compte à un forçat que fut due la découverte du faussaire.

Mais comment se fait-il qu'au cours de sa carrière si mouvementée, le lieutenant-colonel n'ait pas été vendu plus tôt par un des bagnards qu'il coudoyait chaque jour en Espagne aussi bien qu'en France ?

Faudrait-il donc croire Balzac, lorsqu'il parle, dans le *Père Goriot*, de cette association de malfaiteurs, dont les membres devaient se prêter un mutuel appui sous peine d'être exposés à de terribles représailles ? Nous n'en savons rien, mais nous devons pourtant remarquer que Pierre ne fut jamais inquiété tant qu'il resta fidèle à ses camarades, tant qu'il fit leur fortune. Il ne fut compromis que du jour où il refusa de s'occuper de l'un d'entre eux, reniant ainsi ses engagements. Or, tout le monde sait que l'expression « foi de forçat » était sacrée dans le monde de la pègre. Coignard l'oublia trop tôt. Il fut, à cet instant de sa vie, trop sûr de lui et pécha par orgueil. Cela devait lui coûter cher.

Rien ne prouve qu'il ait existé, comme l'a dit Balzac, une société secrète possédant une caisse alimentée par l'argent des bagnards et destinée à leur venir en aide à tous les moments de leur existence, soit pendant leur captivité, soit au cours d'une évasion, soit dans la vie civile; rien ne prouve non plus qu'il ait existé un chef suprême, une sorte de général à qui l'on devait obéir sans murmurer. S'il en avait été ainsi, Vidocq et ses acolytes, traîtres à leurs anciens amis, seraient tombés tôt ou tard sous leurs coups! Balzac a certainement exagéré la force de ces bandits.

S'il l'a exagérée, c'est que son imagination était restée frappée de l'audace de Coignard et de sa bande, dont les procès se déroulèrent pendant sa prime jeunesse.

Son Vautrin est manifestement inspiré par le comte de Sainte-Hélène. C'est d'autant plus certain qu'il le cite au cours d'un entretien avec le chef des mouchards, en qui l'on peut facilement reconnaître Vidocq.

Pierre était, en effet, le commandant d'une petite troupe qui lui obéissait aveuglément, mais l'effectif en était restreint; c'étaient pour la plupart d'anciennes connaissances des bagnes de Toulon ou de Brest, avec qui il avait pu se lier soit directement, soit par l'intermédiaire de son frère Louis, en des pactes d'amitié.

Mais de là à en faire le chef d'une société secrète, dont les membres ne se mêlaient jamais d'une affaire « d'un rapport inférieur à 10.000 francs », il y a toute la distance qui sépare la réalité d'une imagination magnifique.

Nous avons bien connu la bande des Trois C (Coignard, Capdeville, Collonge), la bande à Carette, avec les Soffiet, les Trammecin, les Lexcellent, la bande des Maringotte, qui reprirent les traditions des anciens chauffeurs dans le Midi de la France, mais nous n'allons pas jusqu'à croire à l'existence d'une armée du crime organisée.

La constitution de ces bandes était encore le résultat de certaines fautes. N'était-il pas de la plus grande imprudence de laisser des détenus vivre en commun et comploter à l'avance les coups qu'ils pourraient exécuter à leur libération? On s'en aperçut vite, et, dès cette époque, la réforme du Code des prisons commença : on s'achemina vers la suppression du bagne qu'on remplacera par la cellule ou la déportation.

La police elle-même s'orientait dans un autre sens; si l'on avait pu se laisser hypnotiser un instant par les éphémères succès qu'un Vidocq remportait en arrêtant un Coignard ou d'autres malfaiteurs de même espèce, on se rendit bientôt compte qu'il y avait, à mettre d'anciens bandits au service de la société, plus de dangers que de bénéfices réels, et que la meilleure des polices était encore celle qui était faite par les honnêtes gens. Mais, pour cela, il fallait n'avoir qu'une police.

Or, sous la Restauration, nous raconte Peuchet, dans ses Mémoires, la préfecture de police n'était pas le seul lieu en France où l'on se mêlât de surveiller les citoyens; c'est ainsi qu'on pouvait compter huit à dix centres de police dans Paris seulement.

« Au château des Tuileries, il y avait au moins quatre polices distinctes; l'une, réservée au service intérieur du roi, ne s'étendait guère en dehors du palais; elle se contentait d'inspecter les divers services et quelques privilégiés de la haute société. Cette police, qui aboutissait d'une part au premier gentilhomme de la chambre, était confiée pour son exercice à d'anciens serviteurs, à de vieux émigrés qui en faisaient une affaire de sentiment. Des femmes bien connues, plusieurs de haut rang même, faisaient ce métier.

« La seconde police, du vivant de Louis XVIII, avait son centre d'action au pavillon de Marsan. Les intimes du comte d'Artois étendaient leur commerce épistolaire dans tous les départements de France. Leurs correspondants étaient des royalistes exaltés pris dans les hautes classes, d'anciens verdets, soldats de la foi, ou chouans. Cette police avait la charge spéciale de surveiller les anciens fonctionnaires de l'Empire, les demi-soldes.

« Mme la Dauphine avait une police mignonne qui la tenait au courant des intrigues galantes de tous les gens de service du château.

« M. le Dauphin avait une police toute militaire qui étendait son vaste réseau sur l'armée. Dans chaque régiment, il y avait trois espions en titre, l'un pris dans le corps des capitaines, l'autre dans celui des lieutenants, le troisième, toujours enrôlé volontaire, surveillait les sous-officiers et les soldats.

« La grande aumônerie avait encore sa police.

« Le ministre favori avait également sa propre police. »

C'était beaucoup trop.

Petit à petit, la plupart de ces polices disparurent pour laisser la place à la seule préfecture de police.

Nous savons, en effet, de nos jours, que

l'on ne peut rien obtenir sans l'unité de commandement, ici comme ailleurs.

Et cette nouvelle constatation nous amène
à conclure que Coignard n'avait pas été seulement servi par les événements, mais aussi
par la faute des hommes. C'est la raison pour
laquelle il a pu donner le change si longtemps.

*
* *

Aurait-il réussi de nos jours?

Nous ne le pensons pas.

D'abord les événements, si troublés soient-
ils, en 1848, en 1871, en 1914, ne vont pas
jusqu'à la destruction et la dispersion d'une
classe sociale tout entière. Pour cela, il
faudrait vivre les sombres jours de la Russie
actuelle, terre chère aux faux Dimitri.

L'invasion, de nos jours, ne peut aller
jusqu'à l'anéantissement de *tous* les papiers
d'état civil. Il reste toujours suffisamment
de points de repère pour que l'Administration puisse les reconstituer. Nous l'avons vu
pour les pays envahis.

Enfin, nous laisserions difficilement des
bandes de malfaiteurs se reformer, même au
moment d'une loi d'amnistie.

Nous avons trop de moyens pénétrants,
dans les méthodes anthropométriques, par

les sommiers judiciaires, pour reconnaître le malfaiteur déguisé en honnête homme.

Et puis on est devenu amoureux de l'ordre en France! et c'est encore la meilleure des garanties pour l'immense majorité des braves gens qui composent notre pays.

FIN

TABLE DES MATIÈRES

TABLE DES MATIÈRES

TROISIÈME PARTIE. — **L'EXPIATION**

5508. — TOURS, IMPRIMERIE E. ARRAULT ET Cⁱᵉ